追跡 金正男暗殺

追跡

金正男暗殺

乗京真知
朝日新聞取材班

岩波書店

金正男
2017年2月13日死亡
殺　害
実行犯
アイドル志望
ドアン・ティ・フォン(28)
ベトナム籍　逮捕
マッサージ店員
シティ・アイシャ(25)
インドネシア籍　逮捕
勧誘・教育役
外務省
リ・ジヒョン(32)
「ミスターY」逃亡
工作員
リ・ジウ(29)
「ジェームズ」帰国
外務省
ホン・ソンハク(32)
「チャン」 逃亡
指示役
国家保衛省
リ・ジェナム(56)
「ハナモリ」 逃亡
国家保衛省
オ・ジョンギル(54)
逃亡
北朝鮮籍
後方支援役
北朝鮮大使館 二等書記官
ヒョン・クァンソン(44)
逃亡手助け　帰国
国営高麗航空職員
キム・ウクイル(37)
逃亡手助け　帰国
犯行車両の運転手
チャン・チョルス
逃亡手助け　帰国
犯行車両の名義人
リ・ジョンチョル(46)
逮捕(不起訴)　帰国

金正男暗殺　人物相関図

プロローグ

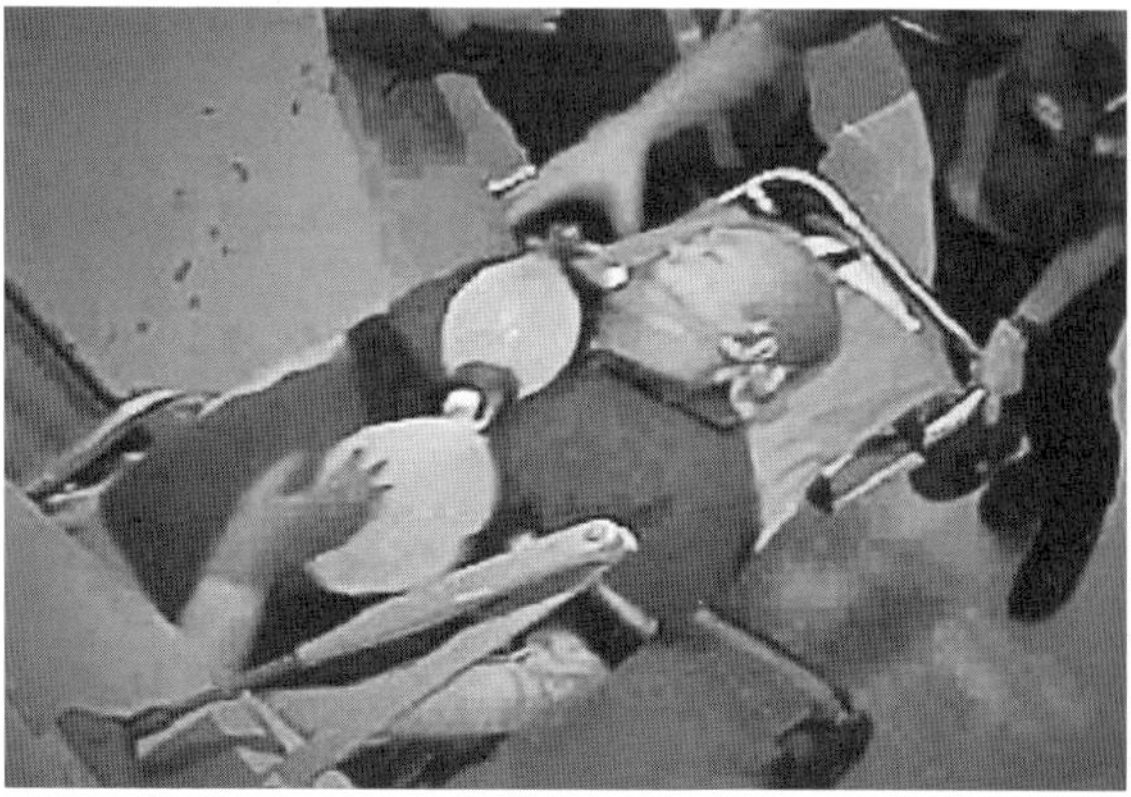

クアラルンプール国際空港の診療所で救命処置を受けた後，病院へ運び出された時の様子(2017 年 2 月 13 日，関係者提供)

二〇一七年二月一三日午前八時五八分。マレーシアの首都郊外のクアラルンプール国際空港。監視カメラは、空港三階の出発ホールに向かう男性の姿を写している。青いTシャツの上に、薄いグレーのジャケットを羽織っている。黒い旅行バッグを右肩にかけ、おなかを突き出して歩く。大勢の人が行き交う出発ホールの中ほどで、一度立ち止まる。頭上の掲示板を見上げ、出国便を確認する。再び歩き始め、カフェの横を抜けて最寄りの自動チェックイン機まで、三六歩進む。左胸のポケットに手を伸ばし、パスポートらしきものを取り出す。出国ゲートまで四〇メートルほどの位置だ。

挟み撃ち

自動チェックイン機をのぞく男性の左前方から、灰色のノースリーブを着た髪の長い女が近づく。一瞬立ち止まって間合いを計り、左足を大きく前に踏み出す。男性が顔を向けたところで、すかさず顔に手を伸ばす。

と同時に、男性の背後から、別の女が飛びつく。白い長袖シャツを着た細身の女。目隠しをするように肩越しに両腕を伸ばし、手のひらを顔になすりつける。挟み撃ちにされた男性は、体をねじるように反転させ、女たちの手を振り払う。

ノースリーブの女が近づき、長袖の女が飛びつくまで、四秒足らず。女二人は立ち止まることなく、別々の方向に走り去る。一瞬の出来事で、隣の旅行客さえ異変に気づいていない。振り返ったり、助けに入ったりする者は、誰もいない。

男性は、遠ざかる女の背中を見つめながら、よろめき、二歩、後ずさりする。左手にパスポートを握りしめ、そのまま一分弱、立ち尽くす。いったい何が起きたのか。指先を顔に近づけ、ゆっくりほほにつたわせる。油のような、ぬめり気のある液体が、塗りつけられている。

男性は出発ホール中央のサービスカウンターに被害相談に向かう。複数の旅行客が空港職員と話し込んでいるが、かまわず割り込んでいく。空港職員の正面に立ち、前置きなしに話し始める。「女たちに襲われた」「見知らぬ女だった」。身ぶりを加え、さらに説明する。「二人の女は後ろから飛びついてきた」「もう一人は目を触ってきた」。ただならぬ空気を感じた空港職員は、男性を出発ホールの脇にいる警察官のもとへ連れて行く。

黒いバッグを担ぎ，出発ホールにある自動チェックイン機(左の丸)に向かって歩いて行く男性(右の丸)(2017年2月13日，関係者提供)

相次ぐ異変

男性は警察官を見るなり、話し始める。「顔に何かを塗りつけられた」。両手を顔の前にかざし、目をこするようなしぐさで、襲われた場面を再現する。「女は二人いた」「被害届を出したい」と立て続けに訴える。男性

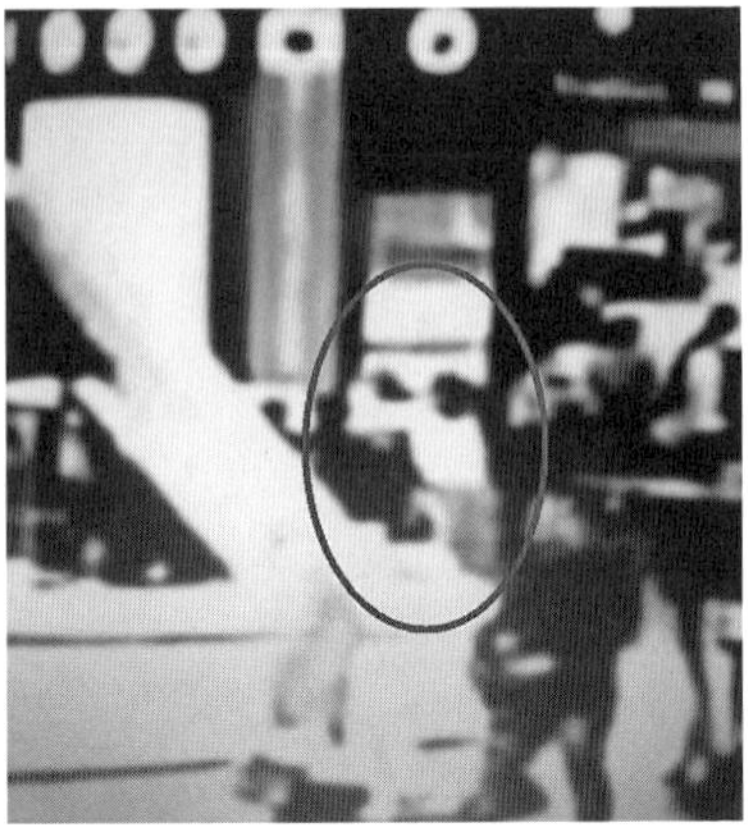

白い長袖シャツを着た女が背後から飛びついた瞬間(2017 年 2 月 13 日，関係者提供)

のほほは濡れ、目は赤く充血している。そこからツンとした異臭が漂う。警察官は顔をしかめ、鼻を手で覆う。

男性は警察官から診察を受けるようすすめられる。幸い、出発ホールの下の二階には診療所がある。警察官に付き添われて、最寄りのエレベーターで二階へ下りる。そこから診療所まで五〇メートルほど歩く。しかし、途中で歩調が乱れ始める。右足を引きずるようだったり、前につんのめるようだったり。歩幅は普段の半分ほどに狭まっていく。

男性は警察官にお願いする。「すみません。ゆっくり歩いてください」。手足の動きが鈍くなる。同時に視野も急速に狭まる。「目がかすんで、よく見えない」。診療所の入口にも気づかず、数メートル通り過ぎてしまう。引き返して入口に戻るが、今度は入口のドアの前で、めまいに襲われたように一瞬ぐらつく。ドアを押すことさえままならず、そのまま三秒、棒立ちになる。見かねた警察官が、代わりにドアを押す。男性はドアの手すりに触れながら、ふらふらと診療所内に入っていく。

空港の出発ホールで襲われてから一一分後、男性は診療所にたどり着く。診察カウンターに歩み寄り、「顔が痛い」「誰かが顔に液体をかけてきた」と訴える。右腕で手荷物の黒いバッグを支え、なんとか自力で立っている。

しかし、ほどなくカウンター横にへたり込む。口から血や泡を吹き出し始める。心臓の動きが弱まったときに見られる症状だ。襲撃から三〇分たつ頃には、意識を失う。倒れた男性の体を、看護師や救急隊員ら数人が持ち上げる。仰向けの状態で、ストレッチャーの上に引きずり上げる。白目をむいた男性の額に汗が吹き出す。涙や唾液も止まらない。救急隊員がティッシュをつかみ、繰り返し拭き取る。心臓の動きが、さらに弱まる。血流が滞り、酸素不足に陥る。血中の酸素の量の目安となる「酸素飽和度」が、絶命寸前の四〇%以下に落ちる。正常値は九〇%台後半だ。なんとか命をつなぎとめようと、診療所の医師が救命処置を急ぐ。酸素マスクをあてがいながら、心臓の動きを促すアドレナリンを注射する。相前後して、発作の症状も現れる。歯を食いしばり、激しく痙攣する。

顔に液体を塗られた直後，警察官のもとに歩み寄って状況を伝えた(2017 年 2 月 13 日，関係者提供)

原因が分からないまま、異変が同時多発する。心臓に加えて肺の動きも弱まり、いつ呼吸が止まってもおかしくない。のどに管を通し、強制的に酸素を送らなければならない。医師は、のどに詰まった血へどを取り除き、管を通す。のどの奥から胃酸の臭いが逆流してくる。瀕死の男性への救命処置は、一時間余り続く。それでも、男性の反応は戻らない。診療所では救えないと判断した医師や救急隊員は午前一〇時半、男性を近くの大きな病院へと運び出す。空港の監視カメラには、その様子も記録されている。

　隊員三人が小走りで男性のストレッチャーを押す。仰向けの男性の胸や腹に動きはなく、自発呼吸が難しくなっている。口には酸素を取り込むための器具があてがわれている。器具には袋が付いていて、この袋を隊員が押すたびに、充満した酸素が送り出される。男性の腕や指には、血圧や血中の酸素量を測る器具がはめられている。救急隊員は何度も器具をはめ直し、モニターを見返す。数値が低く、測定が難しいようだ。

　救急車で病院へ向かう。「搬送中に一度だけ脈が取れたが、それきりだった」。捜査関係者は後の取材に明かしている。病院に着いたのは約三〇分後。外来担当の医師が迎え、すぐに心臓マッサージなどで蘇生を試みる。だが、呼吸や脈は戻らない。午前一一時〇〇分、死亡が確認された。

診療所内で倒れ込んだ後，ストレッチャーに仰向けに乗せられた（2017 年 2 月 13 日，関係者提供）

容疑は「殺人」

　男性の遺体は、司法解剖を待つ間、病院の一角にある安置所に保管された。捜査資料によると、遺体はポロ・ラルフローレンの青い半袖シャツと、ＸＬサイズの灰色のブリーフパンツ姿で、仰向けに横たえられた。両手は胸を押さえるような形で重なり、白いヒモでくくられた両脚はつま先までピンと伸びていた。

遺体の様子について、医師の一人は「アジア風の大柄な成人男性」「髪の毛は非常に短い。鼻と耳は異常がない」と文書に記録している。静かにつむった目や、八の字に広がった眉は、いまにも寝息を立てそうな穏やかな印象を与えていた。

ただ、この医師は口の周りに残る異変も、短く書き留めていた。「右の口角の近くに血がこびりついている」。口元からあごに向かって伸びる、かすかな血痕。細く、赤黒い線は、血を吐いた臨終の苦しみを物語っていた。また、ヒトが死亡すると、たいていは瞳孔が開ききるのだが、遺体は違っていた。「彼の瞳孔は固まり、縮んでいた」(医師の公判証言)。特異な現象として警察に伝えられた。

男性は何らかの事件に巻き込まれたのではないか。男性が臨終間際に残した言葉や医師の報告をもとに、警察が捜査に乗り出した。事件番号は「二〇一七年二七九八号」。容疑は「殺人」だった。

目次

第1章

歴史を変えた
マレーシア警察の
「ミス」

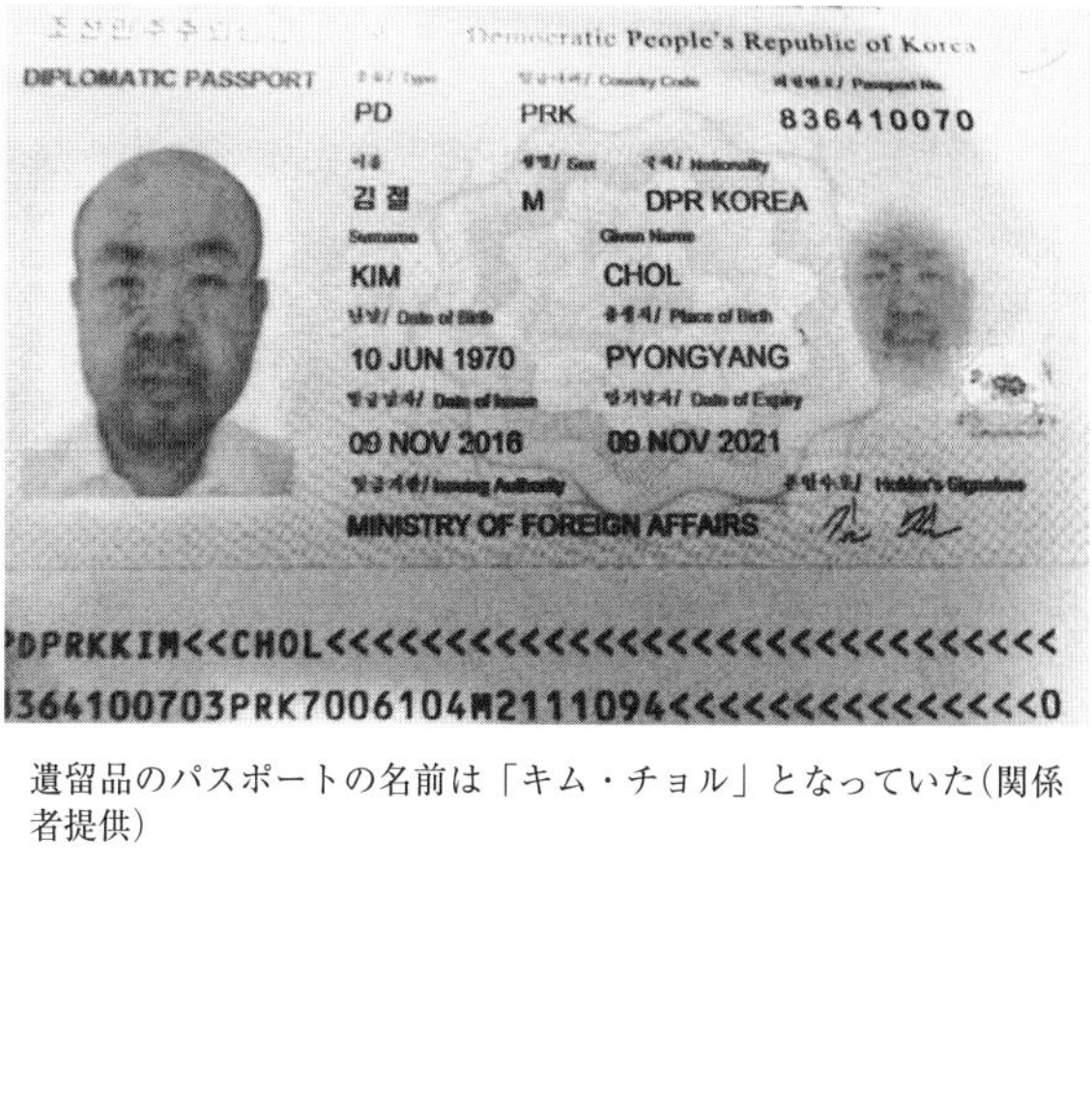

遺留品のパスポートの名前は「キム・チョル」となっていた(関係者提供)

金正男《キム・ジョンナム》が暗殺された後、捜査で明らかになった事実の多くは、「極秘」と書かれた捜査ファイルの中に埋もれ、非公表とされてきた。正男の入れ墨の模様や、影武者疑惑の真相、遺留品のパスポートや持病の薬、そして事件の行方を変えた地元警察の「ミス」……。取材で入手した資料を手がかりに、口を閉ざしてきた捜査関係者に接触を重ねると、秘められた事件の顚末が見えてきた。

別名のパスポート

「遺体　キム・チョル」
「年齢　四六」
「性別　男性」

二〇一七年二月一三日、クアラルンプール国際空港から救急搬送されてきた男性の遺体について、医師は警察あての文書に、こう書き残した。遺留品のパスポートから引用した情報だった。パスポートは偽造を防ぐホログラム付きで、番号は「836410070」。北朝鮮（Democratic People's Republic of Korea）の外交官用で、「氏名　キム・チョル」「誕生日　一九七〇年六月一〇日」「出生地　平壌」などとなっていた。有効期間は二〇一六年一一月九日から五年間。事件の三カ月前に更新したばかりのものだった。

捜査関係者によると、残されたバッグの中からは、このパスポートのほかに期限切れのパスポートが三つ、見つかった。最も古いパスポートの有効期間は、二〇〇三年から五年間。豊かな髪を茶色く染めた写真が付いていた。やはり氏名は「キム・チョル」で、パスポート番号や誕生日など大半は手書き。発行官庁の青いハンコがにじみ、時代を感じさせた。

次に古いのは、ネクタイを締めた七三分けの写真付きパスポート。電子化が進んだようで、手書きの項目はサイン欄だけだ。その後、水色の縦じまシャツ姿の写真付きパスポートを経て、ホログラム付きの最新版に更新された。

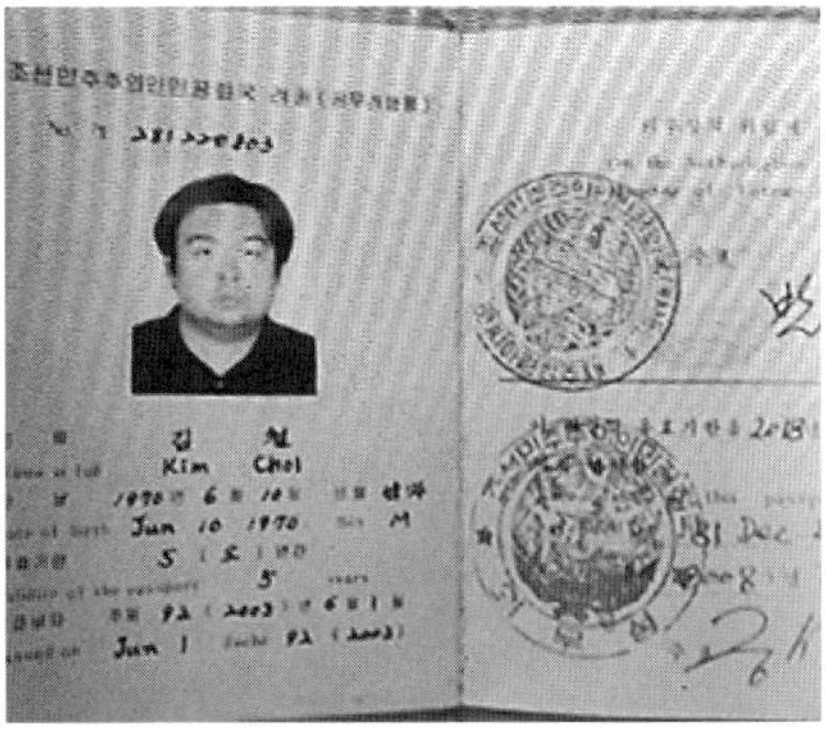

遺留品のバッグの中から見つかった期限切れのパスポート（関係者提供）

マレーシア警察の「ミス」

マレーシア国内で外国人が死亡した場合、警察は速やかに当該国の大使館に一報を入れることになっている。この事件も例外ではなかった。マレーシア警察によると、事件現場にいた警察官は、まずパスポートで国籍を確認した。国籍欄の「Democratic People's Republic of Korea」は北朝鮮を指すが、警察官は末尾の「Korea」から韓国籍だと早合点した。「韓国籍のキム・チョルが死亡」との誤った情報が、韓国大使館に伝えられた。

これに対して韓国大使館は、すぐにマレーシア警察のミスを指摘した。遺体は韓国籍ではなく北朝鮮籍であり、しかもこの「キム・チョル」は一般の旅行者ではなく、指導者一家の大物だと警告した。韓国大使館は、「キム・チョル」が北朝鮮の金正恩《キム・ジョンウン》朝鮮労働党委員長の異母兄「金正男」の別称であると見抜いていた。正男はパスポートだけでなく、友人とやりとりするSNSでも、「キム・チョル」という名前を使っていた。

韓国大使館の指摘を受け、マレーシア警察は捜査のレベルを格上げした。警察本部の捜査班のほか、私服で動く特捜機関も動員。北朝鮮大使館に遺体の引き渡しを求められても、「捜査中だ」と突っぱねる姿勢に転じた。

仮にマレーシア警察のミスがなかったら、事件はどんな経過をたどっていたのか。マレーシア警察は遺体を正男だと気づかずに、手続きに沿って北朝鮮大使館に引き渡していた可能性がある。その場合、正男は「キム・チョル」のまま、歴史の闇に葬られていたかもしれない。

入れ墨のない影武者説

韓国やマレーシアのメディアが「正男殺害」の速報を流したのは、殺害から一夜明けた二〇一七年二月一四日だった。匿名の政府関係者や警察幹部の話としてトップニュースで伝え、衝撃は瞬く間に世界に広がった。

最初に取りざたされたのは「殺害方法」をめぐる謎だった。「スプレーで毒液をかけられた」「毒液がしみた布をかぶせられた」「毒針を刺された」。犯行があまりに素早く、目撃情報がなかったため、情報が錯綜した。ボールペン型の針や万年筆型の銃など、さまざまな凶器が報道で紹介された。

このうち「スプレー説」については、一定の根拠があった。救命活動にあたった医療チームは当初、スプレー説を唱えていた。正男は死亡する直前、医療チームに対し、顔を洗うようなしぐさで「液体を塗られた」と訴えたのだが、その訴えは「液体をふきつけられた」と解釈され、スプレー説の出どころとなった。正男の英語はマレー語を話す医療チームに正しく伝わっていなかった。実際には実行犯が毒液を手に取り、正男の顔に塗りつけていた。それが判明したのは数日後。警察が監視カメラの映像を解析した後だった。

日本のニュース番組では「影武者説」も取り上げられた。遺体は正男ではなく、正男に似た別の人物ではないか、という説だ。この説は、二枚の写真を根拠にしていた。

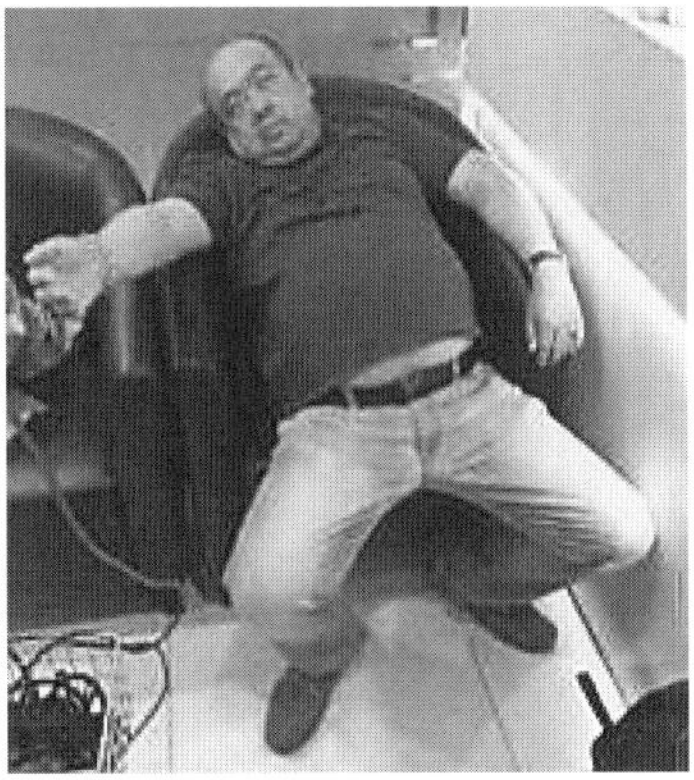

空港の診療所で意識を失った際の様子
(2017 年 2 月 13 日，関係者提供)

一枚目は、日本のテレビ局が持っていた事件前の写真。正男はシャツを脱ぎ、水着姿になっていた。腹部には、大きな入れ墨があった。二枚目は、マレーシア紙が掲載した事件後の写真。シャツはめくれ、ヘソから下がのぞいていたのだが、入れ墨は写っていなかった。

一枚目にあった入れ墨が、二枚目では消えているのではないか。事件八日後の夜、遺体を確認できる立場の病院関係者に疑問をぶつけたところ、答えは単純だった。「入れ墨はヘソの上までしかない。ヘソの下には彫られていない」。影武者説は退けられた。

欧米やアジア各国のメディアが大挙した現場で、取材態勢が最も手厚かったのは日本メディアだった。各新聞社は記者や通訳を一〇人前後、テレビ局はその倍以上のチームを投入していた。どのメディアも、ある映像を狙っていた。正男が空港で襲われた瞬間の映像だ。空港には監視カメラがあるため、映像が存在することは分かっていた。ただ、それを閲覧できるのはマレーシアの警察幹部ら一部に限られていた。

事件から五日ほどたった頃、警察にコネを持つ複数の仲介者から「映像を買わないか」との売り込みが各社に寄せられた。交渉価格は一万〜二万ドル（約一一〇万〜二二〇万円）。朝日新聞を含む多くの社は交渉に乗らず、取材を続けた。事件から一週間後、日本のテレビ局が映像を手に入れ、「スクープ」として報じた。国内外のメディアが次々と映像を転用した。

この一件以降、警察は情報の流出が続くことを案じ、メディアへの警戒を強めていった。事件から八日後には、日本のテレビ局の男性カメラマンの「手配書」が、警察内で回覧された。手配書にはカメラマンの写真や記者証の写しに加え、付き添いのマレーシア人通訳の個人情報まで載っていた。「カメラマンは警察幹部の命令だと偽って、警察署から映像を無理やり入手した疑い」があるので、居場所が分かったら報告するようにと書かれていた。その後、このカメラマンは出国時に止められて事情を聴かれたが、釈明して訴追を免がれ、国外に脱出したという。

脳や心臓には「異常なし」

事件二日後の二〇一七年二月一五日午後〇時四五分、クアラルンプール病院で死因究明のための解剖が始まった。解剖の登録番号は「P097／17」。遺体は金属製の台の上に仰向けに横たえられていた。

　台はわずかに傾斜していて、水で洗い流せる設計だ。メスや消毒液などが用意され、捜査員の立ち会いのもと、病理学者らが立ち位置についた。解剖の記録からは、次のような遺体の状況が読み取れる。

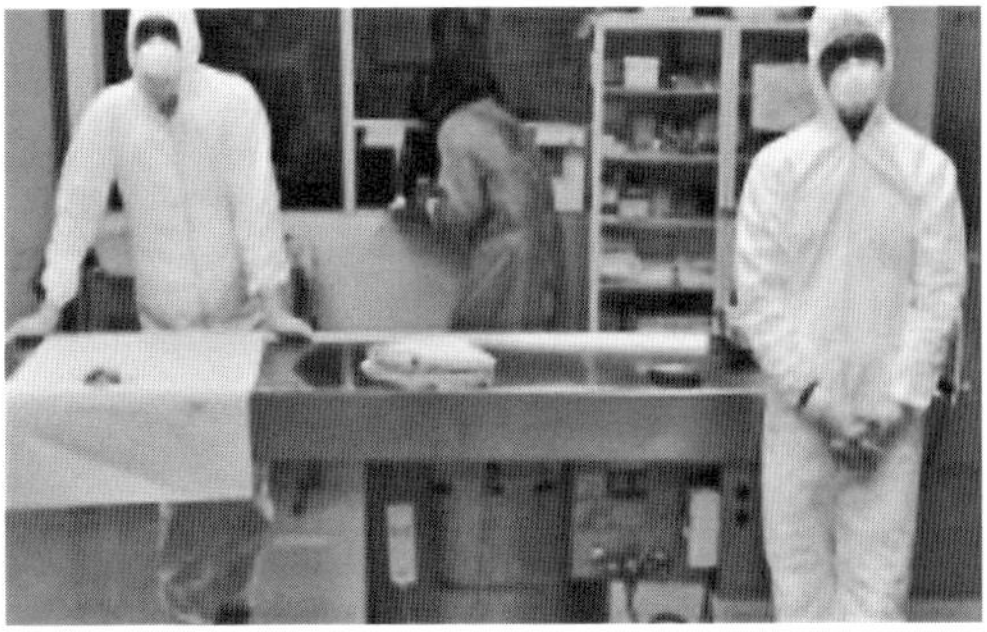

司法解剖が行われた部屋（関係者提供）

　血の気の引いた青白い頭が、解剖室の天井を見上げている。目を静かにつむり、口元に赤黒い血がにじむ。無精ヒゲがあごを覆い、首には肉がたわむ。手は胸の上に置かれている。お祈りを捧げるように手のひらを重ねてある。指先は印を結ぶように丸まっている。両脚は白いヒモで束ねられ、つま先までピンと伸びている。細い体毛が全身を覆う。

　大きく張り出した腹に、青黒い入れ墨がくっきりと浮かぶ。胸元からヘソにかけて、二匹の鯉が泳ぐ絵柄。巨大な魚体をねじっている。その鯉の上には、花柄の入れ墨を彫った若武者がまたがっている。鯉の口にかけた綱を、両手で絞り上げている。

　これは彫り師たちが「鬼若丸の鯉退治」と呼ぶ絵柄に似ている。幼い頃、鬼若丸と呼ばれた弁慶が、村人を困らせる巨鯉を激闘の末に退治した伝承にもとづくものだ。ただ、鬼若丸に入れ墨はないはずで、持っているのも綱ではなく小刀が一般的だ。正男の入れ墨は変則的だ。正男は、背中にも大きな入れ墨がある。右の肩甲骨には波間に浮かぶ六つの花びらが描かれている。その花びらを焼き払うかのように、左の肩甲骨に彫られた竜が勢いよく炎を噴き出している。

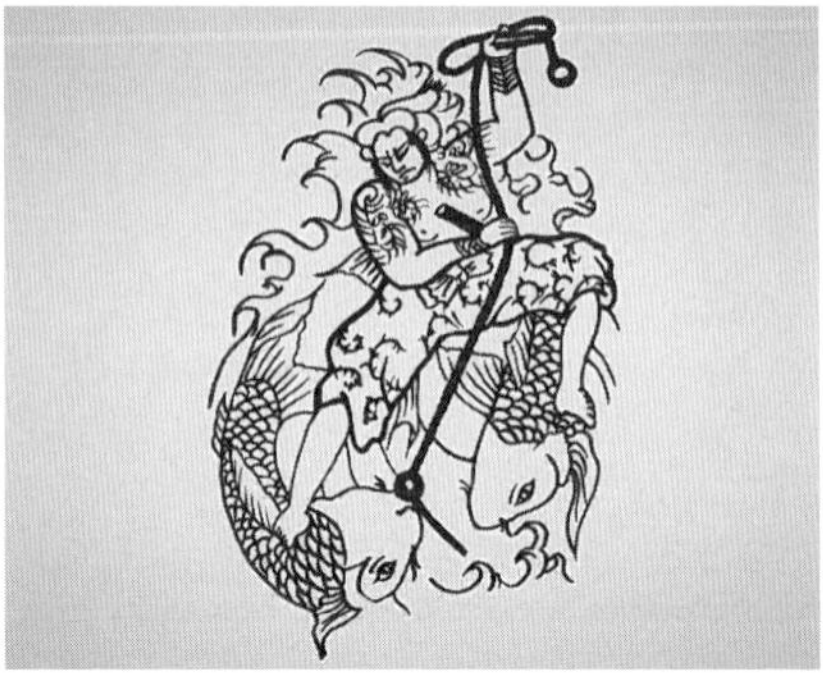
胸元からヘソにかけて彫られた入れ墨の模写

遺体の身長は一七三センチで、体重は約九六キロ。全身がこわばり、背中や肩には紫色の死斑が広がる。大きな傷はないが、左上の唇がかすかに裂けている。左の口角にも小さな擦り傷がある。

頭蓋骨にゆがみはない。脳は少しむくんだ状態で一六〇〇グラムある。脳出血の跡はない。「後頭部を毒針で刺された」との未確認情報があったが、針で刺されたような傷は付いていない。心臓や肺、肝臓、膵臓などの臓器にも、特筆すべき現象はない。心臓発作や心筋梗塞の疑いも排除された。こうした遺体の状況は、記録と捜査のため、キヤノンのカメラで計一三四枚の写真に収められた。

ジャケットから検出されたVX

解剖は六時間後の午後六時四五分まで続いた。結果はすぐに報告書にまとめられた。「アジア風の大柄な成人男性の遺体を司法解剖したところ（中略）目立った外傷がないことが分かった」「内臓の異常はなかった」。外から見た限りでは、死因を浮かび上がらせるような異常は見つからなかった。

　そこで医師らは、毒物の痕跡がないかを調べ始めた。正男は死亡する前、「目の痛み」「視野の狭まり」を訴え、意識を失ってからは「発汗」「血圧の乱れ」「痙攣」「瞳孔の収縮」など中毒に似た症状を見せていた。まず、綿棒で「目の粘膜」「顔の表皮」「鼻の表皮」が採取された。毒物が残っているかもしれない「血液」「尿」「胃の内容物」に加えて、「Tシャツ」や「下着」も鑑定に回された。警察は毒殺との見方を強め、捜査は「どんな毒が使われたのか」に移っていった。

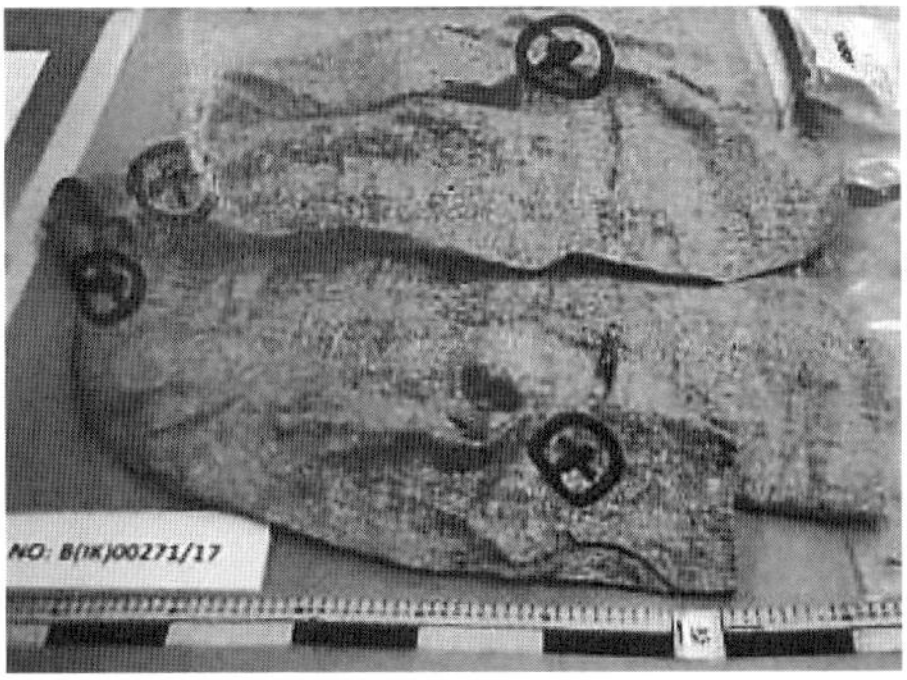

VX が検出されたジャケット（関係者提供）

　毒物鑑定は事件三日後の二〇一七年二月一六日、マレーシア化学局の研究室で始まった。研究室には、毒液が塗られたとみられる目の粘膜や顔の表皮に加え、血、尿、グレーのジャケット、黒い旅行バッグ、下着など二〇を超えるサンプルが並んだ。

　鑑定結果が出そろったのは七日後の二月二三日だった。「ジャケットから致死量の一・四倍のＶＸが出た」。鑑定にあたった化学者によると、最も濃いＶＸが見つかったのはジャケットの襟や袖だった。襲われた際に毒液が付いたか、もしくは正男がジャケットで顔を拭った可能性があるという。目の粘膜、顔の表皮、血からも微量のＶＸが見つかったほか、バッグの外側などからは複数のＶＸの分解物が検出された。警察は「ＶＸによる毒殺」と断定し、二月二四日に発表した。

ＶＸはサリンなどとともに、神経伝達を狂わせる作用から「神経剤」と呼ばれてきた。その毒性は使い方によって変わるものの、一般的に青酸カリの数百倍、サリンやコブラ毒の数十倍と言われている。たとえ微量であっても、吸い込んだり触れたりすると、神経伝達機能を助ける酵素の働きが阻害され、呼吸困難や痙攣などを引き起こして短時間で死に至る。正男の場合、血中の酵素の量は正常値の数十分の一に落ち込んでいたという。

もともと神経剤は一九三〇年代、ナチス時代のドイツで殺虫剤として作られた。殺傷力の高さから化学兵器として注目され、英国や米国でも研究が進んだ。気化しやすいサリンが大量殺戮に使われるのに対し、気化しにくいＶＸは標的を絞った暗殺に使われる。外傷を残さないため、死因が分かりにくく、外見上は心不全などの自然死とほぼ変わらない。特定の人物を、短い時間で、確実に死なせる毒の特徴からも、正男に狙いを定めた犯人の強い殺意が読み取れる。

殺害に使われた毒がＶＸだと判明したのは、遺体や洋服からＶＸの痕跡が見つかったからだった。ところが日本には、それより先に毒物名を言い当てていた人物がいた。かつてＶＸ作りに関わった、オウム真理教の中川智正・元幹部だ。

オウム真理教でＶＸやサリンの製造に関わり、計一一事件で二五人を死なせた中川元幹部は、死刑囚として拘置所で新聞を読むことを許されていた。事件の記事にも目を通していて、マレーシア警察が毒物鑑定の結果を発表する直前、文通相手の米国の毒物学者アンソニー・トゥー氏に次のような文章を送っていた。

「目にＶＸを付着させたのであれば（中略）空港内で亡くなってもおかしくない」「金氏は口から泡を

吹いていたそうです。ＶＸは気道の分泌物を増加させますので、これもＶＸの症状と考えて矛盾はありません」(アンソニー・トゥー『サリン事件死刑囚　中川智正との対話』より)

また、二〇一八年七月二日には弁護士を通じて「北朝鮮の政府内には、オウム真理教の起こした事件を研究していた部署があるそうです」「私のやったようなことを他の人にやって欲しくない」と書き残した。自らが関わったＶＸの製造方法が、正男殺害にも使われたのではないか。そんな疑問を書き留めた四日後、中川元幹部の死刑は執行された。

三〇点を超す遺留品

「とても奇妙なものが見つかっている」

マレーシア警察の捜査員が、そんな言葉を漏らしたのは、事件から七日目の夜だった。残されたバッグから、ドル札の束やプライベート写真、珍しい薬など三〇点を超える遺留品が出てきたというのだ。捜査の手がかりが少ない中、警察はこうした遺留品に注目した。入手先などを調べることで、正男がマレーシアにいた理由や立ち寄り先をつかめるかもしれないと考えた。

最初に目を付けたのは、大量の一〇〇ドル札だった。正男が担いでいた黒い旅行バッグ(ＴＵＭＩ製)の中から見つかった。ほぼ新札で、三〇〇枚ごとに分けられた束が四つ。それとは別に使い古されたドル札もあり、総額は約一二万四千ドル(一四〇〇万円近く)に上った。

正男は、どこで札束を入手したのか。マレーシア国内で現金を引き出した記録は見つからなかった。正男は殺害される一週間前の二〇一七年二月六日にマレーシアに入国し、二月八日に北部のリゾート地ランカウイ島に移動した。捜査幹部によると、翌二月九日には、マレーシア当局が米情報機関員とみる米国人男性と、島のホテルで約二時間にわたって密会していた。現地に飛んだ捜査員は「（正男が）何らかの情報を米国人男性に渡した見返りに、現金を受け取った可能性がある」と報告した。

この見立ては、正男が残したノート型パソコン（ＤＥＬＬ製）の解析結果とも符合した。警察がノート型パソコンを解析したところ、密会があった二月九日にＵＳＢメモリー（キングストン製）が差し込まれた痕跡が見つかった。遺留品の中にＵＳＢメモリーはなく、米国人男性が持ち帰った疑いがあるという。

正男はマレーシア入国（二月六日）から殺害（二月一三日）までの八日間のうち、実に五日間を島で過ごしていた。警察は遺留品の情報を加味することで、正男が米スパイと接触するためにマレーシアに来ていたとの見方を強め、犯行グループが二人の接触のタイミングを見計らって殺害に及んだ可能性を浮かび上がらせた。

持病の治療薬とバイアグラ

正男が解毒剤アトロピンを持っていた、との報道もある。マレーシアの国営ベルナマ通信などは、マレーシア化学局の毒物学者が警察からアトロピンの小瓶一二本を受け取ったと公判で証言したことを根拠に、正男のバッグからアトロピンの小瓶が見つかったようだと伝えた。アトロピンは猛毒ＶＸやサリンの作用を和らげる薬剤として知られる。

北朝鮮は暗殺などのために、神経剤を含む化学兵器を開発してきたとされる。韓国国防省の推計では、北朝鮮は二〇一二年時点で二五〇〇～五〇〇〇トンの化学兵器を貯蔵しているという。北朝鮮当局に重点監視され、警戒を強めていた正男が、解毒剤を持って襲撃に備えていたとしても不思議はない。

確かに、化学局の鑑定記録によると、毒物学者は警察から小瓶を受け取り、中身を調べていた。ただ、その小瓶が誰のものなのかは明らかでない。小瓶は正男のバッグに入っていたものではなく、救命処置に使われたものだった可能性がある。何より正男は襲撃された後、解毒剤を使おうとしたり、解毒剤の存在を周りに知らせたりはしていなかった。

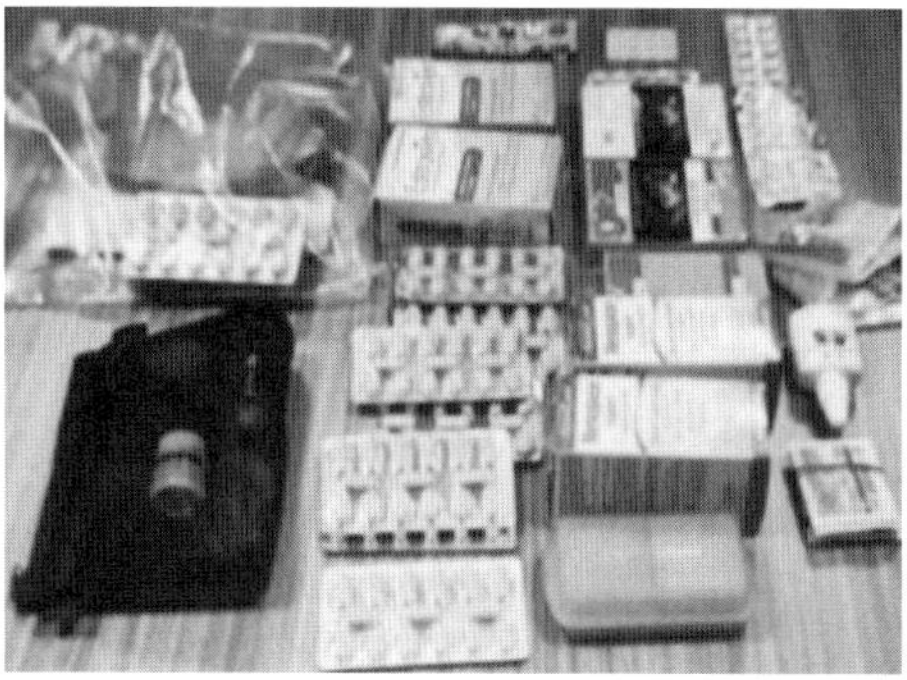

遺留品のバッグから見つかった持病の薬など（関係者提供）

また捜査資料によると、バッグには糖尿病や高血圧、痛風の治療薬も入っていた。血液からは、それぞれの薬の成分が検出されたという。食べ歩きを趣味としていた本人には、つらい持病だったに違いない。

性機能を改善させるバイアグラも数十錠あったほか、ホルモンバランスを整える女性用の薬も入っていた。女性用の薬は、マカオの自宅で暮らす妻に持ち帰る予定だったとみられる。

「妻に写真を送らないと」。そう言って友人と自撮りすることもあった正男。残されたパスポートには、妻子と肩を寄せて撮った記念写真が挟まれていた。

資料　金正男　司法解剖報告書

（＊）は筆者注。また〔＊〕は筆者挿入。

クアラルンプール病院　司法解剖報告書
キム・チョル事件

マレーシア警察の依頼に基づいて、医師二人は二〇一七年二月一五日午後〇時四五分、クアラルンプール病院の遺体安置所において、キム・チョル（パスポート番号：836410070）の遺体を解剖した。

年齢：四六歳
性別：男性
国籍：北朝鮮
病院到着：二〇一七年二月一三日午前一一時に死亡した状態で到着
遺体登録：二〇一七年二月一三日午前一一時三〇分
解剖時間：二〇一七年二月一五日午後〇時四五分

【機密文書】
司法解剖番号：P097／17

【外部所見】

遺体は病院の白いベッドシーツにくるまれ、保存状態はいい。腹回りの大きなアジア風の男性で、身長は一七三センチ、体重は約九六キロ。

髪の毛は非常に短い。顔や首は鬱血している。首の左前と後ろに、イボのようなものがある。あごや耳を含め、顔中に多数のホクロがある。短いヒゲが生えている。両目は、やや充血している。鼻と耳は異常がない。唇はやや青紫色になっている。右の口角の近くに血がこびりついている。上下の歯に入れ歯がある。

腹は突き出ていて、（＊皮膚が伸ばされたことで生じる妊娠線のような）皮膚線条が腹の下から横にかけて確認できる。背中にも複数のホクロがある。左の前腕にも二つ、ホクロがある。爪は普通の長さで、爪の根元は青紫色になっている。

全身に死後硬直がみられ、背中に青黒いあざが少し確認できる。

【入れ墨】

——胸から腹にかけ、男性と二匹の魚をあしらった、黒い入れ墨

——右の上腕から右肩、さらには背中にかけて、複数の色の入れ墨

——左の上腕から左肩にかけて、炎を吹く竜をあしらった、複数の色の入れ墨

【救命治療の痕跡】

——注射針を刺した痕が、右腕と左腕のひじの内側や右手の甲、左前腕に確認できる。

——右胸と左胸、左脇腹に、それぞれ一つずつ、心臓モニターの電極パッドの痕

【外傷】

——左上唇に〇・三×〇・二センチの浅い裂傷

——左下唇に二×一・五センチのあざ

——左の口角に一・五×一・五センチの擦り傷

【衣服】

遺体がまとっている衣服は次の通り。

——灰色のストライプ柄のパンツ。ブランドはByford London。サイズはXL

——青色のTシャツ。ブランドはPolo Ralph Lauren。サイズはXL Slim fit

——左手首に病院で付けられたタグ

——薄茶色のコットンのような布（＊絆創膏）

【頭、首】

頭皮は、やや鬱血しているが、頭皮の下に血液がたまっている様子はない。頭蓋骨や、硬膜に異常はない。脳の重さは一六〇〇グラム。やや腫れているが異常はない。脳の頭頂部や左前部分に、まだら状に鬱血した場所がみられる。くも膜下出血はない。脳の切片をみる限り、脳

出血や脳室内の出血、局所的な病変の痕はみられない。小脳の動脈に異常はなく、動脈は詰まっていない。

舌は歯の間に縮んでいるが、舌をかんだような痕はない。気道は詰まっていない。舌骨と甲状軟骨に異常はない。甲状腺にも特記事項はない。頸動脈に異常はなく、詰まっていない。首の筋肉や頸椎に異常はない。

【胸】

左の三本目と四本目の肋骨の曲線部が折れている。左の四本目と五本目の肋骨の裏には局所的な打撲がみられる。胸腔内に分泌液や血液はたまっていない。気管や気管支に分泌液や血液がみられるが、詰まってはいない。肺(右肺は六九〇グラム、左肺は四二〇グラム)は、ややむくんでいて、鬱血している。右肺と左肺の結合部では、切断面や粘液に異常はない。

(＊心臓を包む)心膜は異常がなく、淡黄色の分泌液を内包している。心臓(重さ六一〇グラム)は肥大しているが、正常な形をしている。心臓弁や心室も正常。右心室の壁の厚さは四ミリ、左心室の壁の厚さは一四ミリで、正常。(＊心臓に酸素を送る冠動脈の一部である)左前下行枝は、動脈硬化により、本来の五〇%の細さになっている(＊これ以上細くなると治療が必要になるレベル)。(＊心臓に酸素を送る冠動脈の一部である)右冠動脈と回旋枝は、動脈硬化により、本来の七五%の細さになっている。目立った心筋梗塞や、慢性的な病気の痕はない。

肺の血管は詰まっていない。食道には少量の焦げ茶色の液体が確認できる。横隔膜に異常はない。

【腹】

腹の中に腹水や血液は、たまっていない。腹膜は正常。胃には少量の焦げ茶色の液体が入っている。胃粘膜をみると、やや充血している場所がある。小腸、大腸、盲腸に異常はみられない。肝臓(重さ二一五〇グラム)は肥大しているが、異常はない。肝臓の連続切片をみると、鬱血した部分が所々に確認できる。(＊胆汁を十二指腸まで流すための)総胆管は詰まっていない。胆のうは正常で、胆石はない。脾臓(重さ一三〇グラム)は異常がない。脾臓の連続切片をみると、鬱血した痕がある。膵臓(重さ一〇〇グラム)の連続切片には、所々に出血の痕がある。副腎に異常はなく、出血の痕はない。右の腎臓(重さ二一八〇グラム）と左の腎臓（重さ一八〇グラム）に異常はなく、腎結石はない。（*膀胱から尿道までの）下部尿路は正常。膀胱に異常はなく、多量の尿が残っている。腹部大動脈の動脈硬化は、わずかに認める程度である。（*下半身の血液を心臓に送る）下大静脈は正常。骨盤と脊柱は正常。

【骨】

手足の骨折はない。

〔*毒物鑑定〕

遺体から採取された以下の試料は、警察を通じてマレーシア化学局に渡り、鑑定に回された。

・目の粘膜
・顔の表皮
・鼻の表皮
・血液
・血漿
・尿
・Tシャツ
・下着
・絆創膏

その結果、VXやVXの分解物が目の粘膜や顔の表皮、血液、血漿、尿から検出された。VXの前駆物質（*VXができる前の段階の物質）がTシャツから検出された。そのほか、VXやVXの分解物、VXの前駆物質が、死者のジャケットから検出された。VXの分解物が死者のバッグから検出されたとの情報が寄せられた。

〔*持病〕

遺体から採取された以下の試料は、警察を通じてマレーシア化学局に渡り、鑑定に回された。

・血液
・尿
・肝臓の組織片
・脳の組織片
・肺の組織片
・腎臓の組織片
・目の硝子体液（*水晶体と網膜の間にある液）
・胃の内容物

・胆汁
その結果、糖尿病や高血圧、痛風の治療薬の成分が、血液や尿、組織片から検出された。

〔＊ＤＮＡ型〕
遺体から採取された血液は、将来的に他の試料のＤＮＡ型と比較するために、警察を通じてマレーシア化学局に渡り、鑑定に回された。

〔＊酵素〕
遺体から採取された血液は、クアラルンプール病院病理部の生化学分析に回された。
その結果、（＊神経伝達に欠かせない酵素である）コリンエステラーゼ酵素が著しく低下している（標準値の九三・五％～九七・四％）ことが分かった。コリンエステラーゼ酵素の低下は、（＊ＶＸやサリンなどに代表される）有機リン化合物による中毒症状が起き、コリンエステラーゼ酵素を作る肝臓の機能が害されていた可能性を示唆している。

【結論】
アジア風の大柄な成人男性の遺体を司法解剖したところ、治療行為に起因するものを除けば、目立った外傷がないことが分かった。（＊持病である）高血圧と糖尿病による腎機能障害は認められたが、（＊死に結びつくような）内臓の異常はなかった。
毒物鑑定では、以下の結果が得られた。
・ＶＸが、目の粘膜や顔の表皮、血漿から検出された。
・ＶＸの分解物が、目の粘膜や顔の表皮、血液、尿から検出された。
・ＶＸの前駆物質が、Ｔシャツから検出された。
・ＶＸ、ＶＸの分解物、ＶＸの前駆物質が、ジャケットから検出された。
・ＶＸの分解物が、バッグから検出された。
また、血中のコリンエステラーゼ酵素が著しく低下していたことは、有機リン化合物などの毒物にさらされたことを示唆している。
司法解剖で分かったことや、被害者の病歴、研究室での検査結果を合わせると、死因はＶＸ中毒であったと考えられる。

第2章

殺害までのカウントダウン

パリで友人と食事をする正男．赤ワインを好んで飲んだ（2016年6月，関係者提供）

金正男の近年の暮らしぶりは、多くの謎に包まれてきた。かつては北京やシンガポールでメディアに追い回されたこともあったが、弟の金正恩が北朝鮮の指導者になった後は、身の安全を警戒してか目撃情報がめっきり減った。正男は暗殺される直前まで、どこで何をしていたのか。正男の「最後の肉声」とも言える通話アプリの履歴を取材で入手し、正男を捉えた監視カメラの映像と照らし合わせながら、暗殺当日までの足取りを探った。

一年前の告白

「パリにいる叔母さんの心臓の調子がよくないんです。手術を受けることになるかもしれません」。正男が病床の叔母のことを周囲に語るようになったのは、暗殺事件が起きる一年前の二〇一六年春のことだった。フランス語が堪能な正男は、それまでもたびたびパリを訪ねていたが、叔母の手術を前に滞在日数を延ばし、頻繁に病院に足を運ぶようになった。診断の結果や術後のリスクについて医師と相談し、その内容を朝鮮語に訳して叔母に伝えていた。同年五月末には友人に近況を知らせている。「手術が本当に必要なのかどうか、検査をしているところです。叔母は手術をとても怖がっています」。介護経験がある知人と会い、相談を持ちかけることもあったという。

正男が「叔母」と呼んでいたのは、故・金正日《キム・ジョンイル》総書記の妹の金敬姫《キム・ギョンヒ》元党書記のことだった。正男は叔母と、その夫の張成沢《チャン・ソンテク》元国防副委員長のことを慕っていた。モスクワで闘病していた正男の母・成恵琳《ソン・ヘリム》に代わって、幼いころから目を掛けてくれた「育ての親」とも言える恩人だったからだ。張成沢が二〇一三年に処刑された後、叔母の動静が途絶えたため、死亡したと伝えるメディアもあったが、実際には滞在に寛容なフランスに逃れていた。欧州に移した貯蓄を切り崩しながら生活していたとみられている。そこに正男がときおり顔を出し、看病をしていたというわけだ。

二〇一六年九月までには叔母の手術が終わった。正男は久しぶりにマカオの自宅に戻ることにした。床にふす叔母に「しばらくパリを離れます」と告げ、病室を去ろうとすると、叔母はこう声をかけた。「明日は何時に来てくれるの?」。叔母にとって正男がいないパリは、さぞ心細く思えたに違いない。かつて正男を支えた叔母は、時を超えて正男の看病に支えられ、生きていた。そして正男は、異国で病と闘う叔母の姿に、モスクワの母の面影を、重ねて見ていたのかもしれない。

一〇カ月前の熊本地震

正男が日本に向けるまなざしを象徴するようなエピソードがある。二〇一六年四月一四日夜、九州地方を最大震度七の揺れが襲ったときのことだ。被害の一報を受けた正男は、急いで日本にいる知人あてにメッセージを送った。「地震があったと聞きました。日本に行っているあなたや、あなたが愛する全ての方々が、無事であることを祈っています」

行方不明者の捜索が続くなか、二日後にも震度七の地震があり、犠牲者は関連死も含め二六〇人を超えた。正男は「なんと恐ろしい！　無事であることを祈っています」と友人らの安否確認を続けた。後日、正男のもとには無事の知らせとともに、お見舞いへの感謝を込めた日本のせんべいが届けられ

国外退去処分を受け，成田空港で飛行機に向かう正男（2001 年 5 月 4 日，朝日新聞）

た。正男は、そのせんべいを特別な贈り物と受け止めて、パリで闘病中の叔母の病室にまで運び、お裾分けしたという。

正男は幼いころから日本の文化に触れていた。父の故・金正日総書記は築地のマグロが好物で、日本から来たスシ職人の藤本健二氏を「お抱え料理人」として雇い入れていた。食へのこだわりを受け継いだ正男は、マグロに限らずカツオやサバ、赤貝、アナゴなども好んで食べた。料理人の腕を見極め、ひいきの職人が立つ店によく足を運んだ。友人に自分のスシ店を持ちたいと語ることもあった。

ただ、正男にとって日本は、いい思い出ばかりの場所でもなかった。二〇〇一年五月にはドミニカ共和国の偽造パスポートで入国を図ったとして、家族とともに成田空港で拘束された。正男は調べに「ディズニーランドに行きたかった」と話した。日本の法務当局は不法入国にあたると判断し、正男の希望に添って北京に送還した。当時、世界ではドミニカ共和国のパスポートを悪用する例が多発していた。思わぬ失態を演じた正男は、その後、北朝鮮の後継レースから脱落していった。

それでも正男は、日本に思いを寄せ続けていたようだ。近しい知人には「日本の収容施設で出された白米がおいしかった」と話し、当時の担当職員の細やかな対応に感謝していた。一九九〇年代にたびたび日本に「極秘入国」し、在日朝鮮人の人たちから手厚いもてなしを受けていたことも明かした。赤坂や新橋といった地名を出しながら、こう語っていたという。「高級な韓国クラブもよかったけど、忘れられないのは、庶民的な焼き鳥やおでんの味。いつかまた日本に行けるだろうか」

七カ月前の商談

北朝鮮からの送金が途絶え、動静が監視されるなかで、正男はどうやってお金を調達していたのだろうか。二〇一六年七月一七日夜、珍しく正男が周囲にビジネスの話を持ちかけたことがあった。「韓国にある古民家を買ってくれそうな人、いないかな?」。よく知る実業家に仲介をお願いした。古民家が正男のものなのか、知り合いに頼まれたものなのかは、はっきり言わなかった。正男は古民家の写真などの情報も送ってきた。場所は北朝鮮との国境に近い韓国北西部の島だった。民話に出てきそうな築一〇〇年近い瓦ぶきの平屋は、古木が茂る庭や池に囲まれていた。四年ほど前に改装し、富裕層向けに一泊一二万円ほどで貸し出していたという。

一〇代のころ欧州に渡った正男は、留学先で暮らしの豊かさを目の当たりにしたと言われている。留学から帰った後の一九九〇年代には、父・金正日総書記とともに、国内の農園や工場を視察して回ったという。当時の状況について、正男は友人に「父とウナギの養殖場を見に行ったことがある。(運営がうまくいかない場合は)養殖場の責任者に死刑も含めた厳しい罰が科せられる」と話していた。

日本から国外退去処分を受けた二〇〇一年ごろからは、北朝鮮を離れ、北京やマカオで過ごすことが多くなった。金総書記や張成沢から送られてくる資金のほか、中国政府の援助を受けて暮らしていたとみられている。東南アジアにある張成沢の秘密資金の管理や、武器・麻薬の密輸など非合法活動への関与もうわさされたが、正男は二〇一一年の東京新聞・五味洋治氏のインタビューで「武器の販売とか麻薬の販売というのは嘘です」と疑惑を否定している(五味洋治『父・金正日と私　金正男独占告白』より)。

正男の生活が追い詰められたのは、その後だった。二〇一一年一二月、金総書記が死去した。二〇一三年一二月には、張成沢が粛清された。正男は「後ろ盾」を立て続けに失い、窮地に陥った。残されたのは、国を追われた張成沢の妻ら親族とのつながりだった。親族は国外に「隠し資産」を持っていて、それを取り崩しながら生活していると言われてきた。正男が親族にどれくらい頼っていたかは定かではないが、北朝鮮当局の目が届きにくい欧州で定期的に落ち合っていた。当局に資産を没収される事態だけは避けたかったに違いない。また親族の中には自らの才覚で不動産業を始めた者がいて、正男も起業を後押ししていた。監視をかいくぐり、資金を融通しながら、新しい生活基盤をつくる。正男が持ちかけた冒頭の商談は、そんな葛藤の一幕だったのかもしれない。

五カ月前の寄り道

二〇一六年九月二一日、正男は約五カ月ぶりに欧州からアジアに戻ることに決めた。パリで看病する叔母の体調が落ち着いたため、自宅のあるマカオに帰ることにした。正男は途中、シンガポールに寄り道した。「たった今、シンガポールに着きました。調子はどうですか?」。飛行機を降りると、さっそく仲間に連絡を入れた。飲み仲間との再会を心待ちにしていたらしい。

国際色豊かなシンガポールは、正男が人目を気にせずに歩ける数少ない場所だった。東京二三区とほぼ同じ広さに、五六〇万人以上が暮らす観光都市。海辺には摩天楼がそびえ、ショッピングモールや遊園地などが旅行者を引きつける。なかでも正男がよく足を運んだのは、ホテルやカジノが入ったリゾートタワー「マリーナベイ・サンズ」だった。三つの高層ビルに支えられた巨大な船が、空を渡るような斬新なデザインで、地上二〇〇メートルの屋上には空中庭園やプールがあった。そこから見下ろす万華鏡のような夜景が正男のお気に入りだったという。

当初は人混みに紛れていた正男だったが、目撃情報は年を追うごとに増えていった。気さくに会話に応じる正男の性格も手伝って、うわさは徐々に漏れ伝わった。二〇一〇年代初めには、正男の立ち寄り先に各国メディアが押しかけるようになった。メディアが正男を追いかけたのは、このころ正男の父・金正日総書記が体調を崩し、後継問題が持ち上がっていたからだった。二〇一一年一二月、金総書記が死去すると、正男の弟・金正恩が後を継いだ。正男は葬儀に出席できず、兄弟の確執が報じられるようになった。

後継問題にからみ、北朝鮮と国交のあるシンガポール政府は正男に対し、ある通告を出していたという。「もうシンガポールには来ないでほしい」。当時の状況を知る外交筋は取材に「(正男をめぐる)いかなるトラブルも避けたかった」と振り返る。くしくもシンガポールは、その統制の厳しさから「明るい北朝鮮」と呼ばれてきた。二つの「北朝鮮」に締め出された正男は、また次の寄る辺を求めて、国際都市を転々とすることになる。

二カ月半前のグルメ旅

二〇一六年一一月末、正男は再び欧州に戻っていた。かつて留学していたスイスのジュネーブで、グルメ旅行を楽しんでいた。「たった今、おいしいチーズフォンデュを食べたところ。よければ今度、一緒にどうですか?」。友人を誘い、さっそく店に予約を入れた。「金曜の昼、席をおさえました」

正男は一〇代のころ、北朝鮮を離れてスイスで学んでいたことがある。「留学先で素晴らしい友人に出会えた。その人脈が今に生きている」。食事をしながら、当時の思い出を語ることがあったと知人は振り返る。ジュネーブでは他にも、レマン湖を望む絶景のフランス料理店やスイス料理店にも立ち寄った。翌一二月中旬にはスイス南部のイタリア語圏ルガノへ移り、クリスマスイブには地中海に面したフランス南部ニース、クリスマスには隣国モナコへと移動しながら、王道のイタリア料理から穴場のスシまで美食家ぶりを発揮した。酒は赤ワインを好んだ。

ドイツも正男のお気に入りの旅先だった。特に南部ミュンヘンで開かれる世界最大のビール祭り「オクトーバーフェスト」(一〇月祭)には、何度も足を運んでいた。落ち葉が散る街に紺色のニットキャップをかぶって繰り出し、露店でソーセージをほおばった。夕食の相場は一人二〜三万円ほどだった。友人の分を払うことも珍しくなかった。

特徴的だったのは、ほとんどの支払いを現金で済ませていたことだ。ドルをはじめユーロやスイスフランなど多くの紙幣を持っていた。財布には中国の銀行のクレジットカードが入っていたが、使うことはめったになかったという。カードを使わなかった理由は不明だが、過去にはカードに絡む金銭トラブルもあった。ロシアの週刊誌によると、正男は二〇一二年にカードが使えなくなり、滞在先のマカオのホテルから追い出されたことがあった。二〇一一年に弟・金正恩が北朝鮮の指導者になった後、正男への送金が止められた可能性を示唆していた。またカードを使えば履歴が残るため、居場所が筒抜けになることを警戒していた可能性もある。世界のどこを旅していても、気を抜けない宿命を背負っていた。

三週間前の深酒

欧州を巡った正男は二〇一七年一月二三日、自宅のあるマカオへの帰路についた。途中でマレーシアの首都クアラルンプールに立ち寄った。赤道に近い常夏のクアラルンプールは、様々な人や物が行き交う東南アジア有数の国際都市で、東洋系でも目立たなかった。繁華街には世界中のブランドショップが集まり、買い物にも不自由しない。物価は安く、食にも事欠かない。食べ歩きが好きな正男には、打ってつけの逃避地だった。

クアラルンプールに着いた夜、正男はインド料理店で腹ごしらえした後、仲間と韓国人街に繰り出した。バーに入り、高級ウイスキー「ロイヤルサルート」やワインを立て続けにあおった。テーブルには空のボトルが並び、勘定は約二〇万円に達した。散会したのは翌朝二時。正男は酔いつぶれ、ホテルまで担ぎ込まれた。目が覚めた後、「昨晩は飲み過ぎました。ごめんなさい」と仲間にわびた。

ところが、翌日も様子が変だった。交際女性らと好物のすき焼きをつつきながら、聞こえよがしに「妻もこの味が好きなんだよ」とつぶやいた。交際女性を前に、妻の話をすることは珍しかった。けんかでもしたのか、やけ酒か。誰も深くは聞かなかった。

糖尿病などを患う正男は、このころ酒量を抑えていた。それでも痛飲してしまったのは、正男にとってクアラルンプール訪問が、気の置けない仲間と飲める息抜きになっていたからだろう。正男は北朝鮮に戻れず、北京やマカオではいつも監視につきまとわれた。欧州も渡り歩いたが、どこに行っても東洋系の顔立ちが人目を引いた。ひところ身を寄せたシンガポールでは、当局から鼻つまみにされた。そんな時に見つけたのが、シンガポールに近いクアラルンプールだった。

さらに別の理由もあった。正男は欧州のビザをクアラルンプールのフランス大使館で取っていた。正男はフランス語が堪能なこともあり、フランス大使館にコネがあったらしい。近しい友人には「いつか市民権を手に入れたい」と語っていた。

地元のベテラン記者は「数年前まで正男が(クアラルンプールの)北朝鮮大使館に顔を出し、泊まることもあったという情報を得ている」と語った。正男の「後ろ盾」と言われた張成沢の甥の張勇哲《チャン・ヨンチョル》が大使を務めていた時代のことだ。ただ、韓国メディアによると、張成沢が処刑された二〇一三年一二月、張勇哲もマレーシアから呼び戻されて処刑されたという。それ以降、正男は北朝鮮大使館に近づかなくなった。

二週間半前の遅刻

クアラルンプールで旧交を温めた正男は二〇一七年一月二五日、自宅のあるマカオに戻った。マカオには家族と住む自宅のほかに、交際女性が暮らすマンションがあった。マンションに招かれたことがある友人によると、居間にはガラステーブルにキムチやナムルなどの家庭料理が並び、白い愛犬がおとなしく座っていた。

正男がマカオの家賃をどうやって払っていたかは謎だが、中国政府が支援していたとの説が有力だ。翌二六日には、友人を外食に誘った。珍しく約束の時間に三〇分ほど遅れてきた正男は、友人に「申し訳ない。北朝鮮では遅刻したら命がない。五分でも許されない」と律義にわびた。

正男は好物のスシをつまみながら、遅れた理由について「ついさっきまで、米国のカジノ関係者と会っていた」と説明した。世界有数の米カジノ運営会社「ウィン・リゾーツ」系のホテルで接触し、酒を飲んでいたという。友人が「米国でカジノと言えば、もしかしてトランプ大統領のメッセンジャー？」と尋ねると、正男は驚いた様子で友人の顔を見つめ、「どうして分かるの？」と言った。さらに正男は「二月六日にマレーシアに行くことになった」とも告げた。渡航目的は明かさなかった。

正男が暮らしていたマカオのマンションでの食事(2015年，関係者提供)

一週間前の一人旅

正男は友人に告げたとおり、二〇一七年二月六日にクアラルンプールに移動した。エアアジア社のＡＫ８３１便でクアラルンプールに降り立つころには、すっかり日が沈んでいた。空港で目撃した人によると、正男は一人で歩いていた。いつも傍らにいる交際女性の姿はなかった。愛用のスーツケースも見当たらず、手にしていたのは黒い旅行バッグ一つだけ。薄手のジャケットにジーパンを合わせただけの軽い身なりだった。迎えの車に乗って渋滞の幹線道路を一時間ほど走り、クアラルンプール中心部のホテルにチェックインした。近くの繁華街で簡単に夕食を済ませた後、すぐに床に就いた。

二月七日も正男はクアラルンプールにとどまった。夕方にホテル内の日本料理店に顔を出した。食事中、正男は「あなたの人生は幸せですか?」とつぶやき、相席者を驚かせた。悩みがあるような口ぶりだったが、多くは語らなかった。また別の友人には、こう告げている。「明日はちょっと忙しくなりそうです」「(四日後の)週末には落ち着くと思います」。クアラルンプールに着いて二日目だったが、まだ予定が固まっていない様子だったという。

クアラルンプール国際空港で飛行機に乗り，ランカウイ島へと移動した正男を捉えた監視カメラの映像(2017年2月8日，関係者提供)

二月八日朝、正男はホテルを発った。空港の監視カメラ映像によると、正男は黒い旅行バッグを右肩にかけ、第二ターミナルを歩いていた。国内線のＡＫ６３０２便に乗り、マレーシア北西端の島「ランカウイ島」に向かった。

ランカウイ島は、広大な海とマングローブの森に囲まれたマレー半島屈指のビーチリゾートだ。海辺の高級ホテルやマリンスポーツが観光の目玉だが、東西三〇キロほどの島には古い地層や鍾乳洞もあり、二〇〇七年には東南アジアで初めてユネスコの地質遺産(世界ジオパーク)に登録された。

ランカウイ島の空港に着いた正男はシルバーのタクシーをひろい、島南端のホテルに向かった。グレーのジャケットを羽織り、旅行バッグを抱えていた。海風がそよぐリゾートには、およそ似つかわしくない格好だった。ホテルはオレンジ色の瓦屋根が鮮やかな王宮風の五つ星ホテルで、目の前に白砂のビーチが広がっていた。

遺留品のノート型パソコンや携帯電話，各国紙幣など(関係者提供)

ホテルでは、ある男性が正男の到着を待っていた。眼鏡をかけた半袖半ズボン姿の中年男性。口にタバコのようなものをくわえていた。正男よりも一日早くホテルにチェックインしていた。ホテルの監視カメラの映像によると、男性と正男は二月九日午後一時ごろホテル内で落ち合い、スイートルームに入っていった。そこから二人は、約二時間にわたって密談した。この事件四日前の密会の様子は、朝日新聞が捜査幹部の話として二〇一七年五月一三日に報じるまで、ひた隠しにされていた。

注目されるのは、これと相前後して、正男のノート型パソコンにUSBメモリーが差し込まれていたらしい、ということだ。USBメモリーは正男の身辺から見つかっておらず、男性が持ち去った疑いがある。つまり、正男が口頭では伝えきれない量の情報を、男性に渡していた可能性を示唆している。こうした事実は、パソコンを解析したマレーシア警察のサイバー捜査で判明した。

男性は、いったい何者だったのか。現地調査した捜査幹部は、男性の素性について「バンコクを拠点に活動しているコリア系米国人」だと説明した。男性は過去にも、正男とマレーシアで複数回、接触していたという。さらに捜査幹部は「米国の情報機関のエージェントとして動く彼と正男との接触を、入国のたびに監視してきた」と明かし、こう付け加えた。「監視していたのは、我々だけではないはずだ。北朝鮮当局も、正男の足取りを追いかけていたのだから」

このほかにも正男は、しばしば外国機関と接触することがあったようだ。知人には「半年に一回くらいのペースで、クアラルンプールの米大使館に行っている」と話していた。先に述べたように、クアラルンプールのフランス大使館ともつながりがあった。日本の外務省職員と連絡を交わしたことがあると公言していたほか、韓国の情報機関とも接触していたと伝えられた。北朝鮮の指導者一家に生まれた正男は、好むと好まざるとにかかわらず、生涯を通じて諜報の世界と無縁ではいられなかった。

事件前日の警戒

密会を終えた正男は二〇一七年二月一二日、ランカウイ島からクアラルンプール国際空港に戻ってきた。空港から宿泊先までは白いワゴンで移動した。黒いワゴンのなじみの運転手がいたが、あえて別の車を手配したようだ。宿泊先はクアラルンプールの繁華街に隣接した五つ星ホテルを選んだ。シャンデリアがつるされたロビーには、コチョウランの生け花や噴水があった。ホテルの記録によると、泊まったのは一泊二万円ほどの部屋。部屋に着いたのは深夜で、その後、外出した様子はなかったという。

「ごめんなさいね、今回は急に忙しくなってしまって」(二月一〇日)

「また今度、中華料理でも食べに行きましょう」(二月一一日)

「ごめんなさい、今日はちょっと忙しいんです」(二月一二日)

襲撃の2分前，空港の出発ホールに入る正男を捉えた監視カメラの映像(2017年2月13日，関係者提供)

今回のマレーシア訪問の間、正男は、いつになくせわしなかった。SNSのメッセージからも、その慌ただしさが読み取れる。お茶の誘いも断っていた。ランカウイ島に行ったことは、周囲には伏せていた。

二月一三日朝、正男はホテルをチェックアウトし、再びクアラルンプール国際空港へ向かった。自宅のあるマカオに戻る予定だった。空港に着いたのは、午前九時前。空港の監視カメラは、グレーのジャケットを羽織った正男が一人、出発ホールに入っていく姿を写していた。

監視カメラは同時に、別の者たちも写していた。出発ホールで待ち伏せる女二人と東洋系の男たち。柱の陰から姿を現し、正男を取り囲むように配置についた。

資料　金正男と知人ＡのＳＮＳ交信記録

主なやりとりを抜粋。（＊）は筆者注、時間はアジア基準。

二〇一六年二月七日（日）

11：08　Ａ「正男さん。我々の友情は揺るぎないものです。正男さんやご家族が安全に暮らせるように、いつも祈っています。よいＣＮＹ（＊中国の旧正月にあたる春節）の大晦日をお過ごしください」

16：30　正男「親愛なるＡさん。ステキなメッセージをありがとう！　よいＣＮＹを」

二〇一六年二月二八日（日）

13：06　正男「どうも、Ａさん。お元気ですか？（＊共通の知り合いの）Ｍさんと今、マカオで食事をしています。マカオに来る予定があるなら、ぜひお食事でも。よい週末を！　正男」

13：42　Ａ「親愛なる正男さん。三月一日（火）の午後六時四〇分にマカオに着く飛行機があります。これでマカオに行こうかと思いますが、どうでしょうか。会えますか？」

14：39　正男「親愛なるＡさん。ええ、火曜の夜は空いています」

14：40　Ａ「では、この飛行機を予約します。ありがとうございます」

14：40　正男「了解！　レストランを予約しますね。それでは火曜に！」

18：02　正男「午後八時、キムという名前でイタリア料理店を予約しましたよ。それでは火曜にお会いしましょう！」

18：11　Ａ「ありがとう、正男さん。それでは」

二〇一六年三月一日（火）

18：51　正男「こんばんは、Ａさん。マカオにようこそ！　もうすぐ会えますね」
19：02　A「親愛なる正男さん。八時にレストランでお会いしましょう」

二〇一六年三月二日（水）

（＊夕食から一夜明け）
10：07　正男「親愛なるAさん。昨晩はごちそうさまでした。どうか帰り道も安全に。シンガポールかクアラルンプールに行くときは連絡しますね」
10：13　A「おはようございます、正男さん。再会できて、よかったです。よい一日を」

二〇一六年四月一四日（木）

（＊Aが日本訪問中に九州で地震が起こる）
23：43　正男「親愛なるAさん。お元気ですか？　地震があったと聞きました。日本に行っているあなたや、あなたが愛する全ての方々が、無事であることを祈っています」

二〇一六年四月一五日（金）

00：00　A「親愛なる正男さん。知り合いが震源地近くにいましたが、全員無事でした。市役所やショッピングモールの駐車場に避難したようです。人生で初めてのことだと言っていました。メッセージありがとうございました」
12：34　正男「親愛なるAさん。全員無事と聞いて安心しました。とてもショッキングです。すぐに会えるといいのですが」

二〇一六年四月一六日（土）

12：44　正男「親愛なるAさん。お元気ですか？　二度目の地震があったのですか！！　なんと恐ろしい！無事であることを祈っています」
13：02　A「ありがとうございます、正男さん。知り合いは全員無事です。ご心配ありがとうございます」

二〇一六年五月二七日（金）

17：26　A「親愛なる正男さん。元気にしていますか」
18：05　正男「親愛なるAさん。元気です。ありがとう」
18:23　A「叔母さんの手術は終わりましたか？」
18:23　正男「いいえ、まだです。手術が本当に必要なのかどうか、検査をしているところです。叔母は手術をとても怖がっています」
18:23　正男「パリには、いつごろ来ますか？」
18:25　A「プロヴァンスには九日、一〇日、パリには一一日、一二日に滞在しますが、すぐにマカオに帰ります。短い滞在で、すみません。会えるといいのですが」
18:26　正男「一一日に会えるかもしれません」
18:27　A「飛行機が決まったらお知らせします。よい一日を」
18:28　正男「オッケー。ありがとうございます。そちらも、よい一日を」

二〇一六年六月一日(水)

00:13　A「親愛なる正男さん。パリの空港には一一日午後五時三五分に着きます。ホテルはリヴォリ通りのホテルに泊まります。都合が合えば、お会いしましょう」
05:27　正男「親愛なるAさん。連絡ありがとうございます」
20:05　正男「一一日に食事しませんか？」
20:28　A「ええ、ぜひ」

（＊正男とAがパリで再会）

二〇一六年六月一二日(日)

05:30　正男「親愛なるAさん。夕食、ごちそうさまでした。お土産のお菓子も、ありがとうございました。叔母に渡しますね。きっと喜びます！　また間を置かず、お会いしましょう。おやすみなさい！」
05:45　A「私もお目にかかれてうれしかったです。おやすみなさい、正男さん」
22:32　正男〈添付写真〉

二〇一六年七月一九日(火)

18:33　A「親愛なる正男さん。八月一〜五日はパリにおられますか？　妻と一緒に行きます」

21:06　正男「親愛なるAさん。八月二～五日はパリにいる予定です。時間もあります。パリで会えるのを楽しみにしています！」

21:08　A「ありがとうございます、正男さん。再会が楽しみです」

21:08　正男「同感！」

22:09　正男「八月二日のレストランを予約しておきましょうか？　そちらは何人でしょうか」

22:10　A「こちらは私と妻の二人です。八月三日は日本料理店を予約しておきます」

22:11　正男「オッケー。それでは八月二日はフレンチにしましょう。楽しみです」

二〇一六年七月二〇日（水）

00:34　正男「八月二日（火）午後七時半に〇〇レストランを予約しました」

00:34　A「分かりました、正男さん」

00:35　正男「それでは」

23:13　A「親愛なる正男さん。八月三日午後七時半に日本料理店の〇〇を予約しましたが、ここでいいですか？　正男さんとSさん（＊正男の交際相手）の二人でいいですね？」

00:57　A「分かりました。それでは」

二〇一六年七月二一日（木）

00:05　正男「ありがとうございます、Aさん！　ばっちりです。私とSさんの二人でうかがいます」

二〇一六年七月二三日（土）

05:43　正男「おはようございます、Aさん。調子はどうですか？　マカオのテレビ局の人たちがスシ店に来ませんでしたか？　知り合いのテレビ局幹部にスシ店のことを話しておきました。いい宣伝になるかなと思って。よい一日を」

07:41　A「親愛なる正男さん。実は木曜午後に、マカオのテレビ局の方々が撮影にいらっしゃいました。撮影が順調に進むように、中国語が話せる従業員を立ち会わせました。正男さんの人脈のおかげです。広告料なしに店の宣伝ができるなんて。大きな追い風になります。ありがとうございました。よい週末を」

二〇一六年八月一日(月)

20:39　正男「親愛なるAさん。パリに到着しましたか？　最高の季節を迎えたパリが、あなたの到着を待っています！」

20:46　A「親愛なる正男さん。いまクアラルンプールを出るところです。明日朝にパリに着陸します。明日の午後には会えますね」

20:47　正男「分かりました。よい旅を！　また明日！」

二〇一六年八月三日(水)

(*正男とAがパリで落ち合う)

00:50　正男「親愛なるAさん。後ほどレストランで」

00:55　A「いまレストランに向かっているところです。また後ほど」

(*夕食)

04:11　A「素晴らしい食事をごちそうさまでした。おやすみなさい」〈添付写真〉

04:17　正男「どういたしまして！　また明日。おやすみなさい」〈添付写真〉

二〇一六年八月二五日(木)

00:25　A「親愛なる正男さん。昨日のスシ店の売り上げは過去最高を記録しました。正男さんの人脈のおかげです。ありがとうございます。また売り上げ記録を報告しますね。よい一日を」

04:22　正男「親愛なるAさん。売り上げが伸びて何よりです！」

21:10　正男〈添付写真〉

二〇一六年八月三〇日(火)

15:52　A「親愛なる正男さん。テレビでスシ店が紹介されました。テレビ局を紹介してくださり、ありがとうございました。貴重な宣伝機会です」

16:20　正男〈スタンプ〉

二〇一六年一〇月二五日(火)

(*ヨーロッパでの日程調整)

23:21　正男「親愛なるAさん。お元気ですか？　再会を楽しみにしています！　ヨーロッパに来るおおよその時期を教えてもらえますか？　予定を合わせたいので。よろしくお願いします。正男」

二〇一六年一〇月二八日（金）

15：22　A「返事が遅れてごめんなさい。ここ数日、日本に行っていました。ヨーロッパには一二月一〇日から一週間滞在する予定です。パリかジュネーブで会いましょう。よい一日を」

15：28　正男「親愛なるAさん。分かりました。ではヨーロッパで！　よい一日を」

二〇一六年一〇月三一日（月）

08：02　A「親愛なる正男さん。飛行機が決まりました。一二月一二日午前七時一〇分、パリ着。一二月一八日午前一一時〇〇分、パリ発。パリに行ってからの日程は、正男さんに合わせます。よい一日を」

13：38　正男「親愛なるAさん。分かりました！　ありがとうございます！　よい一日を！」

二〇一六年一二月一二日（月）

（＊正男とAがパリで再会）

15：39　正男「おはようございます、Aさん！　ようこそ、パリへ！」

15：54　A「おはようございます、正男さん。今晩お目にかかります。午後七時に〇〇ホテルで」

（＊夕食）

二〇一六年一二月一三日（火）

05：35　正男〈添付写真〉

05：55　A「おいしい夕食をごちそうさまでした。おやすみなさい」

05：56　正男「どういたしまして！　また明日！　おやすみなさい」

二〇一七年一月二一日（土）

15：47　A「親愛なる正男さん。二三日は運転手の〇〇がクアラルンプール国際空港に迎えに行きます。車のナンバーは〇〇で、車種は〇〇です」

15：48　A「その日の午後三時に、私はヤンゴンからクアラルンプールに移動予定です。夕食でもいかがですか?」

16:01　正男「親愛なるAさん。食事のお誘い、ありがとうございます!」

16:03　A「空港のお迎えは八番出口で。運転手○○の携帯番号は○○。こちらはその頃、ヤンゴンの空港にいますから、何かあれば電話してください」

16:03　正男「分かりました。ありがとうございます!」

二〇一七年一月二三日(月)

(*正男がクアラルンプールに到着)

10:29　A「おはようございます、正男さん。迎えの車、スタンバイできています」

11:37　正男「親愛なるAさん。迎えの車、ありがとうございました。ホテルに着きました」

11:38　A「また今晩お目にかかります」

11:39　正男「午後七時に日本料理店の○○で落ち合いましょう」

(*未明まで飲み、正男は泥酔)

二〇一七年一月二四日(火)

02:16　A「親愛なる正男さん。今晩の食事、お勘定済みです。ご安心ください」

(*一夜明け)

13:22　正男「親愛なるAさん。ありがとうございます! 昨晩は飲み過ぎました。ごめんなさい」

13:23　A「親愛なる正男さん。昨晩は(*泥酔していたので)ホテルのロビーまでお見送りしましたよ。何か落とした物はないですか? 今晩こそ日本料理店の○○に行きましょう」

13:24　正男「ええ、何もなくしていないです。ありがとうございます。では○○で」

二〇一七年二月七日(火)

13:54　A「親愛なる正男さん。今回は何日ぐらいクアラルンプールに滞在しますか?」

13:55　正男「親愛なるAさん。来週の月曜(*事件が起きる二月一三日)まで滞在するつもりです。明日はちょっと忙しくなりそうです。よろしければ今週末に食事でも」
13：56　A「了解です。予定を空けておきます」
13：56　正男「ありがとうございます！　よい一日を」
14：06　A「正男さんも、よい一日を」

二〇一七年二月一〇日（金）

（＊約束の週末を迎えても、正男は忙しい様子）
16：18　A「親愛なる正男さん。今晩は空いていますか？」
16：22　正男「親愛なるAさん。今回はちょっと忙しいんです。土日も忙しくなりそうな感じです……マカオで会えますかね」
16：22　A「二二日から二四日にマカオに行きますよ。お忙しいのであれば、今回は見送りましょう。退屈していないかなあと気になったもので」
16：23　正男「ではマカオで会いましょう。ごめんなさいね、今回は急に忙しくなってしまって」
16：23　A「承知しました。ご自愛くださいね」
16：24　正男「お互いに。全てのことがうまく運びますように」

（＊正男はマレーシアにいるものの、どこで何をしているかは周囲に告げず）

二〇一七年二月一一日（土）

14：12　正男「親愛なるAさん。二月一三日の朝八時一五分にホテルから空港に行きたいんですが、車の手配をお願いできませんでしょうか？　よろしくお願いします！　よい週末を！」
14：20　A「了解です。（＊正男が泊まっている）〇〇ホテルに朝八時一五分に車を手配します」
14：21　A「飲み過ぎないように気をつけてくださいね」

二〇一七年二月一二日（日）

（＊次の日も正男はマレーシアにいるものの、忙しい様子）
11：01　A「おはようございます、正男さん。もし時間があるなら、ちょっとお茶でもどうですか？　お忙しければ結構ですので、お気になさらずに。退屈していないかなと、気になったもので。よい一日を」
11：11　正男「おはようございます、Aさん。こちらは元気です。ありがとうございます！　ごめんなさい、今日はちょっと忙しいんです。気に掛けてくれて、ありがとうございます。マカオでお会いしましょう！よい日曜を！」

11：36　A「分かりました。ご自愛ください」

18：37　A「親愛なる正男さん。明日の送りの車ですが、一三日朝八時一五分に（＊正男が泊まっている）〇〇ホテルでピックアップし、クアラルンプール国際空港第二ターミナルへ向かう形で手配しました。運転手の名前は〇〇で、携帯番号は〇〇。車のナンバーは〇〇です」

18：39　正男「親愛なるAさん。承知しました。ありがとうございます！」

（＊正男は一三日朝、送りの車でクアラルンプール国際空港に到着し、第二ターミナルの出発ホールを歩いていたところを襲われて死亡。音信が途絶える）

二〇一七年二月一四日（火）

15：20　A「親愛なる正男さん。そちらの状況はいかがですか？　連絡待っています」

第3章

アイドルを夢見た実行犯

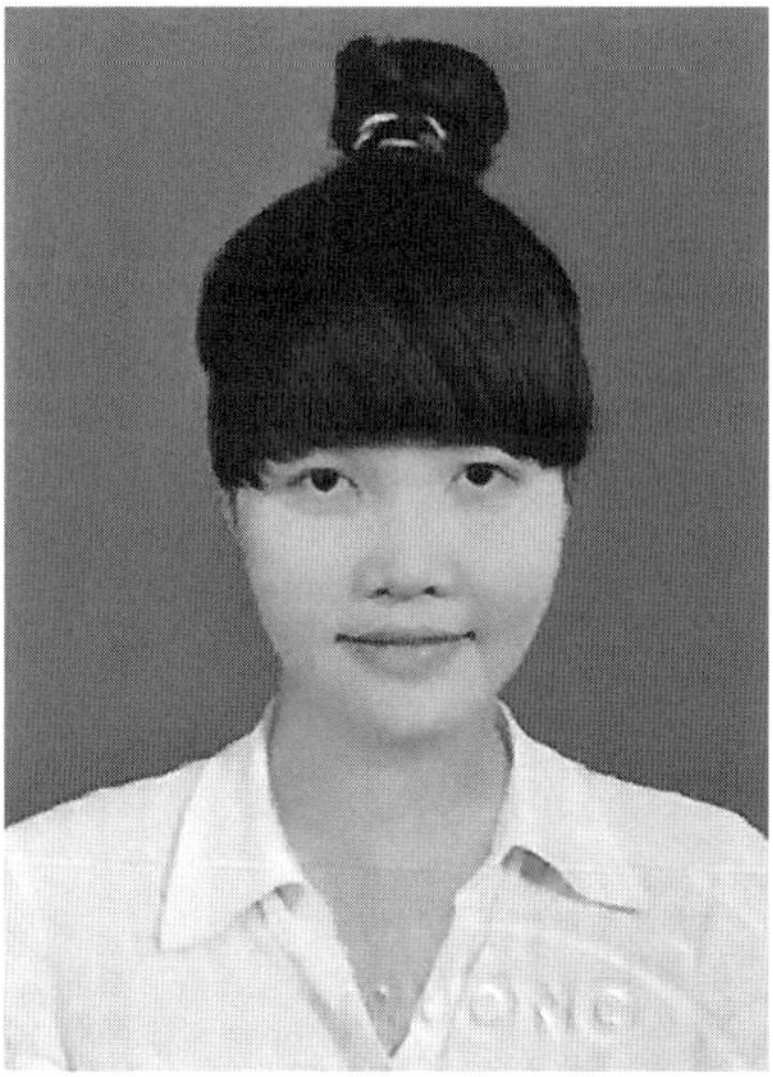

学生のころの実行犯フォン（家族提供）

金正男に毒を塗った実行犯として逮捕されたベトナム人女性、ドアン・ティ・フォン(二八)は、一貫して「殺すつもりはなかった」と訴えてきた。ベトナムの片田舎に生まれ、アイドルを夢見ていた彼女が、なぜ事件に関わることになったのか。きっかけは、「ミスターY」を名乗る男との出会いだった。

芸能界を志す心優しい末っ子

フォンは一九八八年、ベトナム北部のナムディン省の農村で生まれた。稲作が盛んな地域で、米粉の麺「フォー」の発祥の地としても知られるところだ。

記者がフォンの生家を訪ねると、軒先では鶏が駆け、バナナの木が風に揺れていた。取材に応じた父親のドアン・バン・タインさん(六五)は、ベトナム戦争中に負傷し、右足の足首から先を失っていた。義足で朝夕、近くの野菜市場に繰り出し、清掃員として働いて家族を養ってきたという。月収は共働きの夫婦二人分で約四五〇万ドン(約二万二千円)。ベトナムの平均月収は一人三七六万ドン(約一万八千円)ほどで、フォンの家族は決して豊かではなかった。古いテレビや家具も壊さないように大事に使っていた。

フォンは五人兄妹の末っ子だった。自宅には、幼さが残るフォンの写真や、学校でもらった賞状が大切に保管してある。継母のグエン・ティ・ビーさん(五六)は「優しくて、ネズミや虫も怖がるような子でした」と話す。タインさんも「とても親しみやすい性格で、美しい子です」と語る。

フォンは地元の高校を卒業した後、ハノイの大学で会計を学んだ。実家から仕送りはなく、ハノイ市内の飲食店で会計係をして学費を稼いだ。より稼ぎのいい仕事を求めて、ナイトクラブの接客係としても働き始めた。ナイトクラブのフェイスブックには、チャイナドレスやビキニを着てポーズを取ったり、客の前で踊ったりするフォンの写真が載っている。

ナイトクラブには、誘惑が多かった。友人によると、フォンは「ハンサムな韓国人男性」が好みだった。ナイトクラブに来た韓国人男性とデートすることもしばしば。フェイスブックでは朝鮮半島出身とみられる男性の「友達」が三〇人ほどいた。男性から「韓国に来れば番組出演の仕事がある」などとささやかれると、その話をうのみにして韓国まで追いかけていくことがあったという。

ハノイ市内のナイトクラブで接客係として働いていたフォンとみられる女性（2014年，ナイトクラブのフェイスブックから）

ただ、出演の機会は、なかなか巡ってこなかった。韓国に行っても仕事はもらえず、旅費も自腹だった。別の友人は「フォンは夢を追いかけるあまり、貯金を使い果たしたり、知り合った男性にだまされたりして、とても心配でした」と語る。金欠に陥り、家賃の支払いが遅れることもあった。ナイトクラブから数キロ離れた民家の一室を、月一四〇万ドン（約六七〇〇円）で間借りしていた。

大家の女性(六八)は「フォンは気遣いのできる優しい子でしたが、お金の管理は苦手でした」と語る。フォンが旧正月に帰省した際には、バス停まで見送った家族が「お金はあるの?」と聞いた。首を横に振るフォンに、家族は四〇万ドン(約一九〇〇円)を握らせ、送り出したという。

それでもフォンは、夢をあきらめなかったようだ。周囲には「私は演技が上手なの」「映画と広告の仕事をしている」と話していた。二〇一六年六月には、人気のオーディション番組「ベトナム・アイドル」に出演したこともあった。本名ではなく親類の名前で出演し、舞台上で歌声を披露した。放映は二〇秒ほどで、審査は通らなかったが、胸元を大きく開けた衣装が一部メディアで注目された。

舞い込んだ撮影話

そんな暮らしの中、フォンのもとに、ある仕事が転がり込んできた。「いたずら番組」の出演オファー。持ちかけたのはフォンの女友達(三一)だ。その経緯について、女友達はマレーシア警察に次のように説明している。

二〇一六年一二月下旬、女友達は自身が営むハノイのバーで店番をしていた。そこに「韓国の撮影会社のカメラマン」を名乗る男が現れ、少し雑談した後、「いたずら番組に出ないか」と出演を持ちかけてきた。女友達が「幼い息子の世話で忙しい」と断ると、男は「では知り合いを紹介してくれ」と言い、「若い女性」「出演歴は問わない」「のみ込みが早い子がいい」と条件を挙げた。

そこで女友達は、フォンを紹介することに決めた。フォンがかつて「犯罪ドラマに出演したことがある」と話していたのを思い出したからだ。「フォンはかわいく、社交的で性格が穏やかだし、何より撮影がとても好きだった」。さっそくフォンに電話し、「出演者を探している人がいるんだけど、バーに来ない？」と告げると、フォンは快く応じたという。

フォンの供述によると、バーはフォンの家から車で二〇分ほどの距離にあった。タクシーを呼んで、さっそくバーに向かった。着いたのは午後二時半ごろだった。中に入ると、カウンターのそばに男が座っていた。フォンは「韓国人らしい顔立ち」だと思った。年の頃は三〇代後半で、細い目に四角い縁なし眼鏡をかけていた。黒髪を右から左に流すようにセットし、ヒゲはきれいにそっていた。白いシャツに黒いズボンと黒い靴。一八〇センチを超える長身で胸板が厚く、腕時計をはめた左腕には血管が浮き出ていた。日焼けしたようなくすんだ赤の唇は、男が愛煙家であることを物語っていた。

男は口にビールを含んだ後、ベトナム語でこう切り出した。「ミスターYと呼んでくれ」。フォンが「どうして言葉が上手なの？」と尋ねると、男は「ベトナムと韓国のハーフなんだ」「Yはベトナム名の頭文字」と答えた。ミスターYは「韓国メディアの仕事を請け負う撮影会社のカメラマン」で、いたずら番組の撮影を手がけているとのことだった。

また、いたずらとは、通りかかった人の手に触れたり、液体をかけたりすることだと説明し、ラオスや韓国、マレーシアなど海外での撮影も予定していると語った。出演料については「月いくら欲しい？　言ってごらん」「撮影がうまくいけばボーナスも払う」と気前がよかった。フォンが「一千ドル（約一一万円）欲しい」と希望を伝えると、ミスターYは「ボスに話してみる」と応じ、電話番号を交換した。一千ドルはフォンの家賃の約一七カ月分に相当する額だった。出演条件がよく、言葉の壁もない。清潔感があり、まじめな人。約四〇分の話し合いで好印象を抱いたフォンは、ミスターYの話をすっかり信用した。

ミスターYもフォンを気に入ったようだった。高等教育を受けて英語も話せるフォンは理解が早かった。フォンの女友達によると、ミスターYはフォンとの面談後、「かなり高い確率で彼女（フォン）を採用することになるだろう」と語っていたという。

流行りの「いたずら番組」

フォンが撮影に誘われたのは、これが初めてではなかった。ミスターYと出会う半年以上前に、動画投稿サイト「ユーチューブ」の番組に出演したことがあった。ベトナムの人気ユーチューバーの男性がマレーシア警察に説明したところでは、フォンは二〇一六年に二回、男性の番組に出た。番組の内容は、ハノイの公園で時間をつぶしているフォンに男性が突然声をかけ、簡単なゲームをするというもの。フォンが勝てばプレゼントが贈られるが、負ければキスを受け入れなければならない。視聴者からすれば、公園で会ったばかりの二人が口づけをするのかどうか、気になる設定だ。

二〇一六年四月公開の番組（https://www.youtube.com/watch?v=85YN_MUWMQw）では、赤いドレス姿のフォンがゲームに負け、恥ずかしそうに唇を重ねる様子が映っていて、視聴回数は八〇〇万回を超えた。ドレスの裾は下着がのぞくほど短かった。「愛想が良くてかわいい彼女は、撮影をとても楽しんでいた」（男性の警察への説明）という。計二回の撮影でフォンが受け取った出演料は、六〇万ドン（約二九〇〇円）だった。一方、ミスターYとの撮影で得られるかもしれない報酬は、その数十倍。出演の場を増やしてステップアップしたかったフォンにとって、ミスターYの誘いは願ってもない飛躍のチャンスだった。

こうした「いたずら」や「サプライズ」で視聴者をひき付ける番組は、東南アジアで特に人気が高い。空港や駅の待合室で見られるほか、機内で流している航空会社もある。例えば、出演者が警官を装って車を止め、おもちゃの銃を突きつけて運転手を脅かす様子を見せることで、視聴者の笑いを誘うような内容だ。なかには出演者が通行人を小突いたり、牛乳をかけたりして逃げるような、犯罪まがいの番組もある。

事件の前年にユーチューブの番組に出演していたフォン（2016年，ユーチューブから）

男たちの素性

フォンの撮影が始まったのは二〇一六年の暮れだった。フォンの供述調書によると、ミスターYが「今日、撮影をしたい。午後三時に（ハノイの）劇場の向かい側に来てほしい」と連絡してきたという。ミスターYは待ち合わせ場所でキヤノン製のカメラを準備していた。フォンに撮影の要領を説明し、通りすがりの東アジア系の中年男性を指さした。「（中年男性に）話しかけた後、ほほにキスをして驚かせるんだ」

フォンは指示に従った。中年男性に近づき、「ハーイ」と声をかけた。人違いだと思われたためか、相手にされなかった。キスをするはずだったが、「ごめんなさい」とだけ言って、引き返した。商業施設でも撮影を試みた。あいにく施設は閑散としていて、いたずらの対象が見つからなかった。撮影は空振りに終わり、フォンは出演料をもらえなかった。

ミスターYはフォンの気持ちが折れないよう、あの手この手でやる気をかき立てた。供述調書には、その様子も記されている。たとえば、ミスターYは撮影失敗の後、フォンをカラオケに誘った。酒をごちそうし、朝鮮料理店にも連れて行った。「クリスマスのプレゼント」だと言って小遣い(四五ドル、約五千円)を渡したり、大晦日には次の撮影で使うからと「ピンクのジャケット」を買い与えたりしたという。

甘やかすばかりでもなかった。ある日、ミスターYは「ボス」を連れてきた。「ボス」は撮影がうまくいっていないことを案じ、「次はしっかりと撮影をするように。そうすれば報酬を払う」と発破をかけた。「ボス」は自らを「ハラボジ」(韓国語で「おじいさん」)と呼ぶように勧めた。フォンは「ハラボジ」の発音がうまくできなかったため、発音しやすい「ハナモリ」と呼ぶことになったという。

フォンの前に現れた「ミスターY」と「ハナモリ」。二人は本当に「韓国の撮影会社」の人間だったのだろうか。マレーシア捜査当局によると、二人の肩書はでたらめだった。出入国の記録を確認したところ、「ミスターY」はリ・ジヒョン(三二)、「ハナモリ」はリ・ジェナム(五六)。いずれも海外渡航歴が豊富な、北朝鮮の外務省や秘密警察の職員だったという。

肩書を偽って接近し、実行犯として育て上げる——。二人は、そんな密命を受けた「北朝鮮工作員」だったと、マレーシア捜査当局はみている。

演技が完成した一一日前

撮影を重ねるにつれて、フォンの「演技」はうまくなっていった。事件一一日前の二〇一七年二月二日、ハノイの空港の監視カメラが捉えた映像は、その上達ぶりを明確に示している。ベトナム警察が事件後に見つけたものを取材で入手した。

映像では、空港のホールで大勢の人たちが旅行客の到着を待ち、名前を書いた紙を掲げている。その人垣を観察するように、腕組みをした人物が二人、数十メートル離れた場所から視線を向ける。一人は白い長袖シャツにショルダーバッグをかけた茶髪の女性で、もう一人は帽子を目深にかぶった長身の男性。「いたずら番組」の撮影に挑むフォンと、自称カメラマンで北朝鮮工作員とされるミスターYだ。ホールの隅に肩を並べて立つ二人は、知り合いの到着を待つカップルのように見える。

午後四時半、シンガポールから到着した旅行客が入国審査を終え、ホールに姿を見せる。すると、それまでホールを眺めていたフォンが、急に動き出す。ミスターYの方を向き、手を差し出す。手のひらに何かを塗られているようだ。数秒後、ハンドクリームをなじませるようなしぐさで両手を擦り合わせながら、旅行客のあとを追いかける。

通行人の背後から両手を伸ばし，顔にいたずらするフォンの姿を，ハノイの空港の監視カメラが記録していた(2017年2月2日，関係者提供)

旅行客がホールの出口に差しかかった瞬間、フォンが背後から飛びつく。目隠しでもするかのように、肩越しに両手を伸ばして顔を触る。驚いた様子で振り返る旅行客に、フォンは小さく頭を下げて立ち去る。すぐそばでは、ミスターYがスマートフォンを右手で掲げ、フォンの動きを追っている。スマートフォンのカメラで、動画を撮っているように見える。

当初は勇気がわかず、撮影失敗を重ねていたフォンが、たった一カ月の間に、衆人環視の空港で人に飛びつくまでの大胆さを身につけていた。人混みの中で標的を定め、後ろから忍び寄る動作は、一日後に起きた暗殺事件と、全く同じ流れだった。フォンの弁護士によると、この「いたずら撮影」の出演料は一〇〇ドル(約一万一千円)だったという。

撮影拠点を海外へ

捜査資料によると、フォンはミスターYやハナモリとともに二〇一七年一月中旬に一回だけ、カンボジアの首都プノンペンにも行っていた。中級ホテルに二泊したが、ミスターYやハナモリは別の用事に取りかかっていて、撮影の機会がないままハノイに戻った。正男の知人によると、カンボジアには北朝鮮で失脚した親族が暮らしているという。正男が立ち寄る場合に備えて、カンボジアを下見していた可能性がある。

事件九日前の二〇一七年二月四日には、いよいよマレーシアに移動した。「ミスターYから航空チケットを受け取り、ハノイからマレーシアに向かいました。機内ではミスターYとは別々の席で、会話することはありませんでした」。供述調書によると、フォンは撮影用の衣装や所持金一八〇〇ドル

（約二〇万円）を、青いキャリーバッグやショルダーバッグに詰めて運んだ。マレーシアのクアラルンプール国際空港に着くと、すぐに携帯ショップに立ち寄った。現地でスマートフォンを使うためのSIMカードを、六五リンギ（約一七〇〇円）で買った。

ミスターYとフォンは、クアラルンプール市内の中級ホテルにチェックインした。ホテルの防犯カメラの映像によると、ミスターYはフォンのキャリーバッグを運んだり、チェックアウト時に部屋まで迎えに来たりと、まるで恋人のようだった。ミスターYは屋内でも帽子を目深にかぶっていた。フロントで宿泊費を払う際には、「事後精算」のためだとして律義に領収書をもらっていたという。

二月七日午後、この遠征で最初の撮影があった。場所はクアラルンプール国際空港第一ターミナルの到着ホール。フォンとミスターYはホールを見て回り、カフェで休んだ後、午後七時から撮影を始めた。フォンが警察に説明したところによると、撮影の際、あたりを見渡したミスターYは、ホールにいる東アジア風の旅行客を標的に選んだ。いたずらを仕掛けるよう指示し、スマートフォンのカメラで動画を撮り始めたという。

フォンは指示通り、旅行客の背後から、手早くベビークリームを塗りつけた。二、三歩、後ずさりしながら旅行客に「ごめんなさい」とだけ告げ、去った。落ち着き払った演技に、ためらいの色はなく、一連の動作が体に染み込んでいるような、手際の良さだった。その様子を捉えた監視カメラ映像が、後の捜査で確認されている。

同じ場所・時間帯で「訓練」

二月一一日朝、二回目の撮影があった。場所は、やはりクアラルンプール国際空港。第二ターミナルにある出発ホールだった。フォンと出発ホールで落ち合ったミスターYは、ホールにいる西洋風の旅行客を標的に選んだ。フォンの手にベビークリームを垂らし、いたずらを仕掛けるよう指示した。フォンは言われるがままに、いつもの動作に移った。旅行客に背後から近づき、ベビークリームの付いた手で顔を触った。「ごめんなさい」と謝り、逃げた。タクシーの乗車券を使い、空港を後にした。

二回連続で撮影に成功したフォンの出演料は、これまでで最高の計三〇〇ドル(約三万三千円)に上った。フォンにとっては、ハノイの家賃五カ月分に相当する額だった。ミスターYは、次の撮影予定についても説明した。二日後の二月一三日に、同じ出発ホールで、同じ時間帯に、三回目の撮影をするとのことだった。ミスターYは、こう告げたという。「次は大事な撮影だ。動画をユーチューブに投稿する」

なお、捜査資料によると、フォンはマレーシアに着いた二〇一七年二月四日から事件当日の二月一三日までに、ホテル五軒を転々とした。ホテルを変えた四回のうち一回は予約がいっぱいで延泊できなかったためだが、残りの三回はいたずらの撮影の直後だった。いたずらのたびに宿泊先を変えることで、フォンの足取りをつかみづらくする狙いがあったと、マレーシア警察はみている。

本番に備えて「おめかし」

事件前日の二〇一七年二月一二日、フォンは空港近くのホテルにチェックインした。ホテルの外壁はオレンジと白のペンキで塗られていて、よく目立った。宿泊料は一泊二千円ほどと手頃だった。
捜査資料によると、フォンはホテルにチェックインした後、フロントでハサミを借りた。自室に戻って鏡を見ながら、茶髪を肩までの長さに切りそろえた。フォンは「新しいヘアスタイルにして、かわいく映りたかった」という。カメラマン役のミスターYから「一三日の撮影はとても重要」と予告されていたためだ。手持ちの美容器具で、毛先をカールさせたり、側頭部にウェーブを付けたりした。髪全体にふんわりとしたボリュームが生まれ、活発な印象に仕上がった。カメラ映りを確かめるように、スマートフォンで何回も自撮りした。

髪を明るく染め，自分で切りそろえて「いたずら撮影」に臨んだフォンの，事件直前の自撮り写真（2017年2月13日，関係者提供）

事件当日の一三日朝、フォンは入念に化粧し、お気に入りの白い長袖シャツと青いスカートを着てホテルを出た。配車アプリのウーバーを使って空港へ向かった。空港に着いたら、まずやらなければならないことがあった。それは、帰りのタクシーの乗車券を買っておくことだった。「いたずら撮影」が終わったら、すぐに現場を離れられるように、ミスターYから乗車券の購入を指示されていた。ミスターYの言いつけ通り、乗車券を買ってから、待ち合わせ場所の出発ホールに移動した。

出発ホールでミスターYと落ち合った。ミスターYは、撮影地点となる出発ホール中央の自動チェックイン機前にフォンを連れて行き、撮影の手順を話し始めた。「今回は、見栄えのいい動画を撮るために俳優を雇った」「あとで男性が現れるが、それは我々が雇った俳優だ」「その俳優が現れたら、撮影を始める」

つまり、今回の「いたずら」の相手は、通りかかった旅行客ではなく、番組が仕込んだ俳優という説明だった。俳優が現れたら、これまでの撮影と同じように、後ろから忍び寄って顔に液体を塗りつけ、立ち去ればいい。フォンは過去の撮影で一般人へのいたずらをためらうことがあったため、ミスターYは「俳優を雇った」と説明することで、遠慮なく「いたずら」を実行させる狙いがあったとみられる。

事件当日，北朝鮮の男ミスターY（左）に連れ添われて，事件現場となる空港の出発ホールを歩くフォン（2017年2月13日，関係者提供）

黄色い液体で「いたずら」の決行

二人は俳優が現れるのを、じっと待った。約二〇分後、それらしき人影が出発ホールに入ってきた。ミスターYは、あれが俳優だとフォンに知らせた。おなかを突き出して、ゆったりと歩く姿。ミスターYが言う俳優とは、実のところ、正男のことだった。

正男は自動チェックイン機に近づいていった。その間、フォンとミスターYは「いたずら」の最終準備に取りかかった。フォンの供述によると、ミスターYはオイル状の液体が入った容器を持ち出し、フォンの両手に垂らした。液体はベタベタした触感で、黄色みがかっていた。しばらく手を眺めていると、ミスターYから「手を見るな」「(俳優の)動きに集中しろ」と注意された。

いよいよ正男が自動チェックイン機の前に来たとき、フォンは背後に回り込んで、飛びかかった。両手を伸ばし、顔に液体を塗りつけた。その時の様子について、フォンは供述調書の中で「両手で男優の目を触りました。男優が驚いて振り返ったので、私は男優の顔全体を触ることはできませんでした」と振り返っている。

正男の顔に「いたずら」した後，階下のトイレに入って，手を洗ったフォン(2017年2月13日，関係者提供)

顔を触った後、フォンは「ごめんなさい」と言ってから、足早に現場から立ち去った。服の裾が汚れないよう、ベタついた両手を万歳するように上げながら歩いた。着ていたのは、お気に入りの長袖シャツだったからだ。フォンは最寄りのトイレには行かず、エスカレーターで下の階のトイレに向かった。

事前にミスターYから「手洗いのためにトイレに行くのであれば、俳優(正男)と同じ場所のトイレは使うな」と忠告されていたためだ。いたずら役といたずら相手が同じトイレに向かうのは不自然に見える、という理屈だった。フォンはトイレのセッケンで数分かけて手を洗ったが、ぬめり気と臭いが、なかなか取れなかったという。

「ＷｉＦｉありますか？」

「いたずら」を終え、タクシーで宿泊先のホテルに帰ったフォンは、すぐに荷造りをしてホテルを変えた。荷造りと言っても、逃亡しようとしたわけではなく、インターネットの接続がましなホテルに移るためだったと、フォンは後に警察に語っている。

その証言を裏付ける映像もある。フォンが移ったホテルの防犯カメラの映像によると、フォンは空港にいた時と同じ服装のままホテルにやってきた。ＷｉＦｉがあるかどうかや宿泊料金を確かめて、チェックインした。手にはキャリーバッグに入りきらないほど大きい、灰色のテディベアを抱えていて、従業員を驚かせた。焦ったり急いだりしている様子は見られなかった。

翌一四日午後、フォンはベトナムの親類とスマートフォンでチャットしていた。親類によると、フォンは「ベトナムに帰ったら買いたい服がある」ので、その前金五万ドン（約二五〇円）分の送金を手伝ってほしいと話していたという。

ホテルのロビーや客室では、熱心に自撮り撮影をしていた。警察によると、フォンのスマートフォンには、テディベアに顔を寄せながら、胸元が大きく開いた青色のドレスでポーズを決める画像が残っていた。自撮りした動画をリアルタイムでインターネットに配信する「ライブストリーミング」を楽しんでいた形跡もあったという。

いつか芸能界入りする夢を膨らませていたフォンは、自分の姿を少しでも多くの人に届けるための演出に、夢中になっていた。

警察のカメラに「にっこり」

一方、フォンは「（事件当日の）一三日の撮影の出演料が未払い」だったこともあり、カメラマン役のミスターYと連絡が取れなくなったことを気にしていた。

ミスターYからは「空港での撮影は一三日から一五日まで続ける」「撮影で忙しくて電話に出られない」と聞かされていた。フォンはその言葉を信じた。一三日は電話することを控え、一四日は電話がつながらなくても「忙しいのだろう」と考えたという。

ただ、撮影最終日とされた一五日になっても、ミスターYからの応答はなかった。出演料を受け取るため、ミスターYを捜しに行くことにした。

空港の監視カメラには、フォンが空港で人捜しをしている様子が記録されていた。映像によると、フォンはスマートフォンを片手に持ちながら、空港に隣接する商業施設や鉄道の駅などを歩き回っていた。よく目立つストライプ柄の靴を履き、小さなショルダーバッグを肩にかけていた。いずれも正男に「いたずら」した時と同じものだった。

しばらく捜しても、ミスターYは見つからなかった。電話をかけてもつながらなかった。ホテルに帰るためにウーバーで車を呼び、空港二階で車を待っていたところ、呼び止められた。お目当て

逮捕された直後に撮られたフォンの写真（関係者提供）

のミスターYではなく、警察官だった。警察はフォンが出国を図るのではないかとにらみ、警戒態勢を敷いていたのだった。

このときフォンは、抵抗したり逃げたりしなかったという。居合わせた捜査員の一人は「顔写真を撮るためにカメラを向けると、嫌がりもせず、ニコッとほほえんだ。自分が何をしたか分かっているのか、と不思議でならなかった」と証言する。

フォンの長袖シャツをマレーシア化学局が調べたところ，猛毒VXの関連物質が検出された（関係者提供）

逮捕後、警察はフォンを連れて、ホテルの部屋の捜索に向かった。警察によると、フォンは「部屋の鍵は受付に預けています。（事件当日の）一三日に着ていた長袖シャツと青いスカートは部屋にあります」と語り、捜査員を部屋まで誘導した。

その言葉通り、服は室内に置いてあった。洗濯もされていなかった。長袖シャツは胸元に大きく「ＬＯＬ」の文字がプリントされていて、事件当日の監視カメラに記録されていたものと同じだった。「ＬＯＬ」は「Laughing Out Loud」（大爆笑）の頭文字を取った略語で、主にインターネット上で使われてきた隠語でもある。

警察の押収品リストによると、部屋には服のほか航空チケットや生理用品、使用済みのストロー、指紋のついたコップ、落ちた髪の毛などがあったが、犯行を裏付けるようなものは見つからなかった。

航空チケットを見ると、帰国便が約一週間後の二三日になっていた。キャリーバッグやパスポートも部屋に残されていた。こうした事実は、フォンが出国を図るどころか、当面マレーシアに残るつもりだったことを強く示唆していた。

爪から猛毒を検出

事件当日の監視カメラ映像には、フォンの手が正男の顔に向かって伸び、何かが塗りつけられる様子が映っていた。いったい何が塗られたのか。

この謎を解くため、警察はフォンの手と正男の顔を調べることにした。逮捕したフォンの手からは爪を採取し、死亡した正男の顔からは目の粘膜や顔の表皮の一部を採った。これらサンプルはマレーシア化学局に送られ、毒物鑑定に回された。

鑑定の結果、いずれのサンプルからも猛毒の神経剤ＶＸやＶＸ関連物質が検出された。フォンの長袖シャツの袖からもＶＸ関連物質が見つかった。殺意の有無は別として、フォンが塗った液体にＶＸが含まれていて、それが正男を死に至らしめたということが、科学的に裏付けられた。

フォンにＶＸ中毒の症状が見られなかったため、手袋をしていたのではないかとみる向きも当初あった。ただ、鑑定にあたった化学者は後の裁判で「ヒトの手の皮膚や脂肪は厚いため、一五分以内に手を洗えば、中毒症状が出なかったとしても不思議ではない」との見解を示した。実際にフォンは、事件直後にトイレに入り、セッケンを使って数分間、手を洗っていた。

また初期捜査の段階では、ＶＸは無色無臭のはずなのに、なぜフォンは「黄色くて臭い」液体だと

ベトナムの実家でフォンの帰りを待つ父タインさん
(2018 年 8 月，鈴木暁子撮影)

供述したのかという疑問もあった。しかし、毒物専門家によると、これはＶＸを生成する過程で残った化合物の色や臭いと考えて矛盾はないという。

証拠は着々と集まり、フォンは起訴される見通しとなった。殺人罪の裁判が始まれば、勾留の長期化は避けられない。フォンの父ドアン・バン・タインさんは取材に、娘の健康を案じていると語った。「帰ってきたら娘に食べさせてあげたい」と、自宅で豚を二頭飼い始めた。いつか帰ってくる日のために、ベッドも準備している。

タインさんが悔やむのは、娘が北朝鮮の男の話をうのみにし、犯罪に手を貸してしまった可能性があることだ。「娘はあまりにも不用心で、愚かでした。事件前に戻れるなら、どんな手段を使っても、止めに入りたい」と悔い、遺族に対して「許しを請いたい。どうかおわびさせてほしい」と語った。加害者側の立場で正男の死を直視し、取材にお悔やみの言葉を語った人は、タインさんをおいて他にいなかった。

ベトナムが旧正月を祝った二〇一九年の二月初旬には、タインさんのもとに拘置所のフォンから国際電話があった。フォンは「どうか健康に過ごしてください」と話していたという。いたわりの電話は、心配する父を安心させたい娘の、せめてもの親孝行だったのかもしれない。

資料　ドアン・ティ・フォン供述調書

事件当日の場面を抜粋。（＊）は筆者による補足。

レポート番号：02798／17
氏名：ドアン・ティ・フォン
誕生日：一九八八年五月三一日
出生地：ベトナム・ナムディン省
年齢：二八
性別：女性
人種：ベトナム人
職業：女優

記録　二〇一七年二月一八日　午後二時一五分

……二〇一七年二月一三日午前六時五〇分、ウーバーに乗ってクアラルンプール国際空港の出発ホールに行きました。私は胸元にLOLの文字がプリントされた長袖の白いシャツと青いスカートを着ていました。髪の毛を少しウェーブさせて、きれいにメイクして行きました。

午前七時一五分に一階のレストランで朝食を食べました。ミスターYはタクシーの乗車券を買った上で、自動チェックイン機の近くで落ち合おうとメッセージを送ってきました。乗車券を買って、ミスターYと会いました。

ミスターYは撮影について説明を始めました。ミスターYによると、撮影には新しい男優と女優が参加するということでした。見栄えのいい動画を撮ってユーチューブに載せるために、会社が二人を雇ったのだという説明でした。ミスターYは、これから自分はここを離れるが、自分が戻ってきたタイミングで、新しい男優と女優が現れて撮影が始まる、と言いました。ミスターYは、女優は自動チェックイン機の近くに立って男優が来るのを待っている、と言いました。（＊自動チェックイン機の近くには）携帯電話を片手に、誰かを待っているようなそぶりの女性がいたので、あれが女優なのだなと思いました。

私はそのまま立って待っていました。

二〇分から三〇分ほど経った後、ミスターYが私の横に戻ってきました。ミスターYは「手を出して」「男優の方を見ていろ」と言いました。私は手にオイルが垂らされたのを感じました。両手を擦り合わせてオイルをなじませました。ベタベタして少し黄色っぽいオイルでした。臭いには気づきませんでした。何が塗られたのか、本当に分かりませんでした。ミスターYは「手を見るな」「男優と女優の方を見ていろ」と言いました。

ミスターYは、男優は黒いバッグを持っていて、ジャケットを着ており、大柄で髪が薄い、と言いました。男優が現れ、その顔を女優が触ったのに続いて、私も背後から両手で顔を触って驚かせました。男優は振り向いて私を見つめました。男優の顔から手を離したとき、悪臭がしました。私は男優に「ごめんなさい」と言って走り去り、タクシーでシティビューホテルに帰りました。走っているとき、ミスターYの姿は見えませんでした。ミスターYはオイルを垂らした後、どこかに去っていきました。ミスターYはバックパックを背負い、黒い帽子をかぶっていたと記憶しています。

シティビューホテルはWｉFｉがなかったので、午前一一時にチェックアウトし、スカイスターホテルに移り、二月一三日から一五日までの三泊分を予約してチェックインしました。二四〇リンギ(＊約六千円)を現金で払いました。ミスターYは、二月一一日に会ったときに「一三日は撮影で忙しく、電話に出られない」と言っていたので、その日、ミスターYに電話をしませんでした。

二月一四日午後、私はミスターYに何度か電話しましたが、応答がありませんでした。また忙しいのだろうと考えていました。二月一五日、私は午前八時にクアラルンプール国際空港の出発ホールに行って何度もミスターYに電話しましたが、携帯電話の電源が切られていました。私はホテルに戻るためにウーバーを呼びました。ウーバーが乗り付けられる二階に来てほしいと言われました。その後、警察が来て、警察署に連れて行かれました。

私は男優が死亡したということを二月一六日に警察から聞いて知りました。いたずら番組の撮影だと信じていたのです。私は全てが普通と変わりなく、いつもの撮影と同じだと思っていました。二月一三日の撮影の報酬を受け取っていなかったので、二月一五日に出発ホールに行けば撮影中のミスターYに会えるのではないかと思い、出発ホールに行ったのです。ところが、ミスターYはいませんでした。ミスターYはうそつきです。ミスターYは私を利用したのです。

Q：あなたは全て真実を話していますか？

A：はい。

Q：これまでの供述に加えたいことや修正したいことはありますか？

A：いいえ。もし何か思い出したら伝えます。

Q：あなたは自分の意志で供述したのですか？

A：はい。

記録終了　二〇一七年二月一八日　午後九時〇〇分

記録　二〇一七年二月二二日　午後二時二〇分

Q：二月一八日の供述内容についてですが、二月一三日にミスターYが垂らしたオイルが、どのような性質のものであるか知っていたのですか？

A：知りません。ミスターYは私に、これはオイルで、両手になじませてから、いたずら撮影をするんだ、と言いました。私は、撮影後に手を洗っていいかと聞きました。ミスターYは、君が洗いたければ洗えばいいが、男優と同じ場所のトイレは使わないように、と言いました。たくさんの人が見ているから、（＊いたずらする役とされる役が一緒のトイレに行ったのでは）不自然に見えるおそれがある、とのことでした。オイルはベタベタしていました。ミスターYは、自分に触れないように、とは言いませんでした。

　私は自動チェックイン機の近くでミスターYと一緒に男優が来るのを待っていました。ミスターYは、こんな風に演技しろ、と指示しました。ミスターYは、撮影会社が私の他にもう一人、女優を用意したと言っていました。ミスターYは、どの女性のことか言いませんでしたが、ゴミ箱の近くに女性が一人いるのが見えたので、私はあれが女優だろうなと思いました。その場からいったん離れていたミスターYが、私のそばに戻ってきたとき、（＊遠くに）男優が現れました。ミスターYは、あれが（＊いたずら相手の）男優だ、と言いました。男優が自動チェックイン機に近づいていきました。女優がいたずらを仕掛け、私もそれに続きました。男優の背後から飛びついて、いたずらをしたのです。両手で男優の目を触りました。男優が驚いて振り返ったので、私は男優の顔全体を触ることはできませんでした。

私は、いたずらの後、女優がどこに行ったのか分かりませんでした。いたずらが終わって手が鼻の近くに来たとき、悪臭がしました。私は自分の手を見つめました。ベタベタしていました。手が熱くなったり、痛くなったりはしませんでしたが、不快な感覚を覚えたので、手のひらを振って歩きました。手を洗うために二階のトイレに行きました。

トイレでは数分間、セッケンを使って手を洗いました。臭いがなかなか取れませんでした。トイレから出た後も、手には臭いや油っぽい感じが残っていました。白いシャツを汚したくなかったので、シャツで手は拭きませんでした。一階に降りてタクシーに乗り、ホテルに戻りました。

Q：ミスターYが垂らしたオイルが、有毒か否かを知っていましたか？

A：手にアレルギー反応もありませんでしたし、熱を持った感じもありませんでしたので、有毒だとは思いませんでした。全ていつも通りでした。私の手や皮膚に何の問題もありませんでした。めまいや吐き気もありませんでした。

Q：なぜ二階のトイレまで走っていったのですか？

A：ミスターYから毎回、いたずらが終わったら素早く走り去り、タクシーでホテルに帰れ、と言われていました。いたずらの後に振り返ったり、ミスターYのところに立ち寄ったりしてはいけないと言われていました。ハノイの最初の撮影のときから、毎回言われてきたことです。二月一三日も、いたずらが終わったら謝って、素早く走り去り、タクシーでまっすぐホテルに帰るのだと分かっていました。ただ、二月一三日は、いたずらの後に手を洗いたければ洗っていいと言われていたので、トイレに行ったのです。しかも手が油っぽくて臭く、不快だったので、トイレに走りました。ベビークリームを使ったときは、トイレで手を洗わずにタクシーに乗ってホテルに帰ることもありました。しかし、二月一三日は手が油っぽくて臭く、不快だったのです。

Q：あなたは全て真実を話していますか？
A：はい。
Q：これまでの供述に加えたいことや修正したいことはありますか？
A：いいえ。もし何か思い出したら伝えます。
Q：あなたは自分の意志で供述したのですか？
A：はい。

第4章

工作員を好きだった実行犯

21歳になったころの実行犯シティ（フェイスブックから）

金正男に毒を塗った実行犯として逮捕されたインドネシア人女性のシティ・アイシャ(二五)は、マレーシアでマッサージ店員として働く出稼ぎ労働者だった。実家に仕送りをしながら働いていた彼女が、ある夜現れた北朝鮮工作員に心惹かれ、甘言に乗せられて言われるがままに行動していった経緯を、独自に入手した拘置所の面談記録や関係者の証言をもとに検証する。

貧しくも敬けんな一家

シティは一九九二年二月、インドネシアの首都ジャカルタから西に約八〇キロのバンテン州セランで生まれた。ジャカルタから高速道路は延びているが、少し外れると熱帯の森が広がる自然豊かな土地だ。その森を切り開いた農道には、ヤシの実を売る露店が点々と並んでいる。村はずれの家畜小屋では、犠牲祭で供される牛や羊が飼われている。住民の多くはイスラム教を信じていて、お祈りの時間になると礼拝を呼びかけるアザーンの音が響いてくる。農道から細い脇道に入り、放し飼いの鶏をよけながら村の奥に進むと、小さなモスクの脇にシティの生家が見えてきた。玄関先に青いタイルが敷かれた、白壁の質素な家だった。

記者が訪ねたとき、黒い民族帽をかぶったシティの父アスリアさん(五四)は、庭のサボテンを眺めて立っていた。敬けんなイスラム教徒で、お辞儀をしながら右手を差し出した。ござを玄関に広げて座り、幼いころのシティの話をしてくれた。「シティは親思いの優しい子でした。よく家事を手伝ってくれました」。アスリアさんによると、シティは三人兄妹の末っ子として生まれた。家で本を読むのが好きだったが、明るい性格で友達が多く、放課後は家に子どもが集まった。夕方になると、母親のベナさん（五〇）と一緒に晩ご飯を作るのが日課だった。

勉強は苦手ではなかったが、小学校を出た後は進学をあきらめたという。スパイスを売り歩くアスリアさんの稼ぎは不安定で、家族五人の生活を支えるのには十分でなかった。アスリアさんは「家計が苦しくて、学費を出してやれませんでした」と声を落とした。シティは一五歳になるころにはセランを離れ、独り立ちした。ジャカルタに移り、家政婦として働き始めた。年配の男性宅で身の回りの世話をし、稼ぎを実家に送った。翌年には男性の息子と結婚し、ほどなく男児を身ごもった。婚姻年齢の一六歳を超えたばかりだった。共働きで子育てに励んだが、結婚生活は四年で終わった。親権は夫に渡り、息子と離ればなれになった。

一人になったシティは、シンガポールに近い、インドネシア西部のバタム島に移った。赤道直下のバタムは、うっそうとした木々が赤土を覆う、常夏の島だ。道ばたでは上半身裸の農民が、ドリアンの実をつるして売っていた。のどかな島も、北端の港周辺だけは開発が進んでいた。インドネシア最大級のフェリー乗り場があり、五〜一〇分おきにフェリーが出入りしていた。一時間半ほどで対岸のシンガポールやマレーシアに着くため、観光客だけでなく出稼ぎ労働者にも人気だという。バタムとマレーシア南端のジョホールバルを結ぶ便に限っても、日に三〇回近く往復運航していた。

町の中心部にはケンタッキーフライドチキンやサーティワンアイスクリームもあり、大通りに面したショッピングモール「バタム・シティ・スクエア」は家族連れでにぎわっていた。シティは二〇一二年ごろから、このショッピングモール三階の洋服店「THE SLIP」で販売員として働いていた。シャツやワンピースのほか、薄手のパジャマやランジェリーも取りそろえた店だった。

昼休みによく一緒にお茶をしたという販売員のミリーさん(三二)は「メイクがとても上手で、身なりに人一倍気を使う子でした」と語る。初めてのお客さんにも、さりげなく声をかけ、自然と打ち解ける人なつっこさが評判だった。周囲には「いつか独立して、自分の洋服店を持ちたい」と夢を打ち明けていた。

友達にも明かさなかった実名

社交的なシティにも、秘密にしたいことがあったようだ。職場では実名を伏せ、「シャンティ」という偽名を使っていた。近しい友達にも、経歴や家族のことは明かさなかった。二〇一五年には「実家に帰省する」と店を出たきり、戻らなかった。同じ店で働くユリさん(二四)は「シャンティはとても親切で成績のいい販売員でしたので、もっと待遇のいい仕事を探したかったのでしょう」と話す。販売員の公休は月二日だけで、月給は一五〇万ルピア(約一万一千円)と安かった。

シティが当時、シャンティの名で開設したフェイスブックからは、カラオケ店で仲間に誕生日を祝ってもらったり、民族衣装で着飾って自撮りしたりする、インドネシアの若者らしい暮らしぶりがうかがえる。ただ、ときおり何の脈絡もなく憂いを帯びたメッセージを投稿して、友達を心配させることがあった。

「表で我慢していても、裏で心は泣いている」(二〇一二年九月)
「過去を消し、現在を変え、未来をつくる」(二〇一二年一〇月)
「…私を裏切らないで…」(二〇一三年一〇月)
「一人は落ち着く」(二〇一四年四月)
「孤独を感じるとき、自分以外に信用できる者などいないと、気づかされる」(二〇一四年五月)

二〇一五年初めにはバタムを離れた。片道二八万ルピア(約二二〇〇円)のフェリーに乗り、シンガポール海峡を渡って、対岸のマレーシアへ向かった。ビザなしでも滞在が許されるマレーシアは、給与水準も高く、出稼ぎ先として有望だった。滞在期限は三〇日間だが、いったんバタムに戻って再入国すれば、何度でも三〇日間の滞在が許された。そんな入国のしやすさも、マレーシアを選んだ理由の一つだった。

二〇一六年夏には、バタムに残っていた親友ジアさんが、病気を患って急死した。いつも顔を寄せ合って写真を撮り、悩みを打ち明けた仲だった。「さよなら、ジア」「どうか天国に」。フェイスブック上には、追悼のメッセージや写真の投稿が相次いだ。

やがてシティは友達との連絡を絶ち、シャンティの名も封印した。代わってマレーシアではケリーと名乗り、夜の世界に足を踏み入れた。それが事件に巻き込まれるきっかけになることなど、この時のシティは知るよしもなかった。

性風俗マッサージ店で住み込み

「私がマレーシアに渡ったのは、二〇一五年初めごろでした。フェリーを使って、インドネシアのバタム島からマレーシアに移動し、クアラルンプールで働き始めました」。シティの供述内容をつづったマレーシア警察の調書は、そんな述懐から始まる。「既にクアラルンプールには、インドネシア人の女友達が暮らしていたので、彼女のもとを訪ねました」。女友達と落ち合った後、さっそく近くのカラオケ店で働き始めた。来客とおしゃべりし、酒を勧める接客係を任されたという。

稼ぎのいい仕事を求めて、二〇一五年一〇月からはマッサージ店「ニンゴ・スパ」で働き始めた。店はクアラルンプール郊外の中級ホテル「フラミンゴ・ホテル」の二階に入っていた。ホテルの中庭にはヤシの木が茂り、屋外プールやカフェもあった。施設は古くなっていたが、宿泊料金が手頃なこともあり、中国や韓国など海外からの宿泊客も多かった。シティは三階の空き部屋を借りながら、住み込みで働いた。空き部屋といっても、ただというわけではなく、一泊あたり五〇リンギ（約一三〇〇円）の家賃を払わなければならなかった。

ホテルによると、ニンゴ・スパは中国系のオーナーが経営していた。地元当局に「リラックスサロン」として正規の届け出をしていた。受付カウンターには黄金色の招き猫が置かれ、商売繁盛を願うおふだが飾られていた。

表向きは普通のマッサージ店でも、裏で性的なサービスを提供している店は少なくない。地元の風俗情報サイト「Haven4Men」でも、ニンゴ・スパは性風俗店の一つとして取り上げられていた。サイトによると、サービス内容は多岐にわたっていた。「マッサージ、入浴、サウナあり。食べ物や飲み物付き」。さらに「フレンチキス」や各種の「性行為」は、「夜通し」でも対応するし、「出張サービス」も可能だ、と宣伝していた。料金は「一八八～一九八リンギ（約五千円）／四五分／一発」「五五〇リンギ（約一万四千円）／一晩／三発」と明記されていた。

「コールガール」の紹介欄もあった。胸元を寄せてほほえみかけるタイ出身の「ミキ」や、肩ひもをずらして座るインドネシア出身の「スター」、上目遣いで唇をとがらせるインドネシア出身の「キャンディ」……。その中で、長い髪をゆるくカールさせたシティは「ケリー」と名乗り、二番目に紹介されていた。厚い唇にピンクの口紅を塗ったシティは、大きな瞳をマスカラで強調し、なまめかしい視線を投げかけていた。

シティは「ケリー」という名前で働いていた

シティの供述によると、ニンゴ・スパでの収入は「不安定だった」。たとえば、マッサージの料金は二〇〇リンギ（約五二〇〇円）だが、そのうち本人の取り分は半分以下の九〇リンギ（約二四〇〇円）。残りはニンゴ・スパに取られていた。この取り分をもとに、毎日一～二人の客を取り続けても、月収は三千リンギ（約七万八千円）ほどにしかならなかった。そこから家賃を引くと、手元に残るのは一五〇〇リンギ（約三万九千円)程度。母国インドネシアの平均月収の約二倍にあたる額とはいえ、マレーシアの物価の高さを考えると生活は楽でなかった。

突然舞い込んだ「もうけ話」

実入りを増やすため、シティは週二回ほど自ら夜の街に繰り出して、客を取るようになった。ナイトクラブが軒を連ねるクアラルンプール中心部の繁華街「ブキビンタン」。ロック歌手の生演奏が人気のナイトクラブ「ビーチクラブ」がシティのお気に入りだった。ビーチクラブの入場料は、ワンドリンク付きで四五リンギ(約一二〇〇円)ほど。ヤシの葉で覆われた南国風のバルコニーやカウンターバーなどに数百席があり、インドネシアやベトナム、タイなどから出稼ぎに来たドレス姿の女性たちが、酔客に「一緒にシャワーを」「四〇〇リンギ(約一万円)」などと声をかけて回る。店の前にはタクシーが並び、カップルをホテルまで送ったり、違法薬物や媚薬を売ったりしている。

世界中から集まる外国人客のうち、シティは日本人によく声をかけていた。日本人は金払いが良く、しつこくないからいい、と知人に語っていた。人出が少ない週の中日には、未明まで粘って客を待つこともあった。水曜日だった二〇一七年一月四日も、そんな日だった。夜は更け、日付は変わっても、客は見つからなかった。

仕方なく撤収を決めた午前三時、配車アプリ「グラブ」を使って車を呼んだときのことだ。車を待つシティに、あるタクシー運転手が声をかけてきた。「車はいるかい?」。シティが「もうグラブを呼んだから」と断ると、運転手はこう続けた。「いたずら番組の出演の仕事がある。出演女優を探している。興味はあるか?」。ジョンのニックネームを持つその運転手は、売春あっせんから麻薬密売までを手がける人脈の持ち主で、運転手の間では知られた存在だった。

シティが興味を示すと、ジョンは番組の撮影会社の人間だという男を連れてきた。一重まぶたの、丸顔の男。男は「ジェームズ」と名乗り、「自分は日本人だ」と自己紹介した。シティは「私はインドネシア出身のナディアです」とだけ答え、実名は隠した。夜の世界でしのぐシティは、初対面で実名を明かすほど、うぶではなかった。ただ、ジェームズの語り口は穏やかで、次第に警戒心は和らいだ。ジェームズは「日本で放送される予定の「いたずら番組」に出演する気はないか?」と誘ってきた。「出演料は一日四〇〇リンギだ」と具体的な報酬も提示した。

シティは「きっと冗談だろう」と思い、明確な返事をしなかった。念のため電話番号だけは交換しておいた。ジェームズの特徴を忘れないように、スマートフォンの電話帳には「Jepun(日本人)」と登録した。そうしたやりとりは、朝日新聞が入手したシティの供述調書の中にも、記録されている。

撮影一回で給料四日分

朝、目が覚めたシティは、ジェームズの言葉を思い出していた。昼間に数時間、撮影につきあうだけで四〇〇リンギがもらえるとすれば、かなりの好条件だった。四〇〇リンギは、マッサージ店で働いた場合の四日分、ナイトクラブで客を取った場合の一晩分に相当する額だった。試してみる価値はあった。

折よく、シティのスマートフォンが鳴った。電話の主は「Jepun」。ジェームズだった。電話口のジェームズは「一時間後の午前一一時、パビリオンの噴水前に来てくれ」と依頼してきた。パビリオンとはクアラルンプール中心部にある高級ショッピングモールのことだ。パビリオンの噴水前は買い物客の待ち合わせ場所として有名で、撮影に打ってつけのロケーションだった。どうやらジェームズは本気で撮影をするらしい。シティは噴水前に行ってみることにした。

噴水前に着くと、ジェームズが待っていた。隣にはベトナム人だという若い女性もいた。ジェームズは「この女性が通行人にいたずらをするから、遠くから見ていてほしい」と言った。シティは言われたとおり、少し離れた位置から観察した。まず、ジェームズが女性の手のひらに、ローションのような液体を垂らした。女性は手に液体をなじませた後、通りがかった買い物客に近づき、手を触って驚かせた。女性は買い物客に何か話しかけた後、立ち去った。その間、たったの数十秒。見知らぬ相手に、液体を塗りつけ、びっくりさせるのが、ジェームズの言う「いたずら」らしかった。なお、お手本役の女性は誰だったのか、素性は今も分かっていない。

次はシティの番だった。ジェームズは「さっき見たのと同じ要領でやればいい」とアドバイスしながら、液体が入ったボトルを取り出し、シティの手のひらに垂らした。液体は、ベビークリームに似たにおいがした。シティは物おじすることなく、大胆にいたずらをやってみせた。シティの弁護士によると、この日、噴水前のほかにモールの二階出入口付近やレストラン前でも次々にいたずらを成功させた。のみ込みの早いシティは、ジェームズから出演料四〇〇リンギを受け取った。

約束どおりに対価が支払われたことで、シティはすっかり警戒心を解いてしまった。シティの供述によると、ジェームズは易しい英語を話していた。シティは片言の英語しか理解できないため、意思疎通に困ったときはグーグルの翻訳サイトを使っていたという。

自撮り動画に映り込んだ工作員

「午後四時半に会おう。遅れるなよ」。シティの弁護士によると、シティのスマートフォンにはジェームズから、撮影のたびにメッセージが送られてきていた。やりとりは、いつも英語だった。一月五日から始まった撮影は、九日まで五日連続で続いた。

六日午後　クアラルンプール国際空港第一ターミナル到着ホール外側、チェックインカウンター付近、到着ホール内

七日午後　クアラルンプール最大のKLセントラル駅のエスカレーター付近

八日午後　ヒルトン系のダブルツリーホテルのロビー外側

九日午後　名門ホテルのマンダリン・オリエンタルの入口

シティがフェイスブックに投稿した自撮り動画には，シティに指示を出す男ジェームズの姿が映り込んでいた（関係者提供）

シティはジェームズの要望どおりに演技した。撮影後には「今日の演技は駄目だった？」と指

導を請うほど熱心だった。当初一日四〇〇リンギ（約一万円）だった出演料は、一日六〇〇リンギ（約一万六千円）に引き上げられた。

実はこの時、シティはジェームズのことを、異性としても意識していたと、後に関係者に明かしている。「私はジェームズのことが好きでした。若くて気さくだったし、ハンサムで男らしかった」。シティはジェームズとのツーショット写真をスマートフォンに保存していた。

フェイスブックに投稿された動画には，北朝鮮工作員とされるジェームズがシティの撮影を遮る様子も映っている（関係者提供）

興味深いのは、撮影のスポットがいずれも正男の立ち寄り先であったことだ。北朝鮮工作員が事件前からターゲットを尾行するなどして行動パターンを把握していたことがうかがえる。またジェームズは、大きな撮影機材は持っておらず、少し離れたところからスマートフォンのカメラを構えて撮影していた。シティの供述によると、ジェームズは撮影後に動画を見せることはあったが、データとしてシェアすることは拒んでいたという。シェアすればシティがフェイスブックなどで動画を拡散させるおそれがあると警戒していたようだ。

シティはいたずら番組の撮影に参加していることを、友人たちに隠すことなく、むしろ吹聴していた。たとえば、一月九日のマンダリン・オリエンタルでの撮影日には、自身のフェイスブックに「うれし泣き」の顔文字を二つ添え、「彼（ジェームズ）がまた来た」と投稿している。

投稿には、約一五秒間の自撮り動画も添えていた。マンダリン・オリエンタルそばの高層ビル「ペトロナス・ツイン・タワー」前で、この日シティがジェームズと落ち合ったときの様子を写したものだ。マレーシアのシンボルとも言える観光名所で、青空の下にそびえるタワー(四五二メートル)や風にそよぐ巨大なヤシの木をバックに、鼻歌交じりで自撮りを始めたシティは、黒縁眼鏡に紺色のポロシャツを着ていた。「ちょっと、ちょっと」と呼びかけるジェームズにシティがカメラを向けた。ジェームズはすかさず左手でカメラを遮り、「もう(撮影に)行くぞ」とせかした。右手にタバコを挟み、灰色のVネックシャツを着たジェームズの姿は、後にマレーシア警察が指名手配写真として使う希少な映像だ。

いたずら撮影で海外へ

スマートフォンの通信記録によると、一月一〇日にはシティ自らがジェームズに「今日は撮影なし?」と催促のメッセージを送っていた。ジェームズは「たぶん明日」とだけ返答した。翌一一日にも、シティは「今日も撮影なし?」と連絡。ジェームズは「たぶん明日か、明後日かな。なぜなら、まだボスが来ていないんだ。明日改めて電話で知らせるから」と答えた。

この時ジェームズは、シティを「ボス」に紹介しようとしていたらしい。それは実行犯として使えそうな女性を探す「勧誘役」のジェームズが、五日連続の撮影をこなしたシティを、いよいよ「ボス」つまり「教育役」の北朝鮮工作員に引き継ごうとしていることを意味していた。

シティの供述によると、撮影はマレーシア国内にとどまらなかった。ジェームズから「カンボジアの首都プノンペンで撮影をしたい」と言われ、渡航費として一五〇〇リンギ（約四万円）を渡された。往復の飛行機代を払っても、十分おつりが来る額だ。正男の知人によると、カンボジアには北朝鮮から逃れた親族が暮らしていた。ジェームズらは正男が立ち寄る場合に備えて、カンボジアを暗殺の候補地にしていた可能性がある。

シティはジェームズの指示に従って、一月二一日早朝、プノンペン行きの飛行機エアアジアＡＫ５３６便に乗った。海外遠征を控え、気持ちが高ぶっていたのだろう。「宝の山を目指し、朝早く空港へ。気分上々」。意気込みをフェイスブックに書き込み、航空チケットとパスポートの写真を投稿した。友人たちからは応援メッセージが寄せられた。ある知人男性は通話アプリで「もう出発した？ついに女優になるんだね。よいフライトを」「何ごとにも我慢強くね。女優へと続く道なのだから。かわいいコメディ女優さん」と激励した。

入国管理局の記録などによると、プノンペンに着いたのは午前七時半ごろだった。青い服を着たシティは、眠そうな顔で眼鏡をかけ、入国審査を通過した。到着ゲートでは、既にジェームズが待っていた。隣には痩せ形の男が立っていた。男は「中国人のチャン」と名乗った。ジェームズの「ボス」だという。今後はジェームズからカメラマン役を引き継ぐということだった。チャンはインドネシア語が堪能だった。言葉の壁がない二人は、すぐに打ち解けて連絡先を交換した。シティはスマートフォンの電話帳にチャンを「ジェームズの友人」と登録した。

自己紹介を終えると、すぐに撮影が始まった。両替所や携帯ショップが並ぶ到着ホールで、いたずらの相手を探した。シティはチャンが指さした通行人の男性に近づき、タバスコを塗りつけて驚かせた。男性に叱られる前に現場を離れ、最寄りのトイレで手を洗った。チャンは少し離れたところで、スマートフォンのカメラを構えていた。

約二〇分後、今度は出発ホールに場所を変えた。チャンが指さした男性にいたずらした後、一〇分間のインターバルを挟み、別の男性にもローションを塗りつけた。チャンは毎回、なぜか東洋風の男性を選んだ。危なげなく三回の撮影をこなしたシティの報酬は、この日だけで二〇〇ドル(約二万二千円)に上った。撮影を始めたころ一日四〇〇リンギ(約一万円)だった報酬は、わずか二週間で倍増した。撮影を終えたシティがスマートフォンを開くと、交際相手の彼氏から気遣いのメッセージが届いていた。「撮影が中止になった場合は、体を安めてね」。シティは「もう撮影は終わったよ」と短く返事した。一時間足らずの撮影は、シティにとって文字どおり朝飯前のおいしい仕事だった。

プノンペンの空港で撮影を終えた後、シティは空港近くのホテルで一泊した。翌一月二二日午前八時二〇分発のエアアジアAK537便でクアラルンプールに戻り、その足でインドネシアに帰省した。シティは数日間、インドネシアの実家やバタム島で息抜きをした。チャンから再び連絡が入ったのは一月三一日。「いつクアラルンプールに戻る? 戻ったら電話して」と再び撮影に誘われた。シティは誘いに応じ、いたずらでもうひと稼ぎすることを決めた。「二週間くらいの仕事がもらえるかも」。シティは知人男性にそう言い残し、二月二日にバタム島からフェリーでクアラルンプールに向かった。シティが「いたずら」と称して毒を塗るのは、一一日後の二月一三日のことだ。

シティの前に現れたジェームズとチャンは、いったい何者だったのか。ジェームズはいたずら番組の撮影を手がける日本人だと自己紹介し、チャンはジェームズの上司の中国人だと説明していた。ところが、二人の肩書はでたらめだった。出入国の記録などによると、ジェームズは北朝鮮大使館に頻繁に出入りしているリ・ジウ(二九)で、チャンは北朝鮮外務省職員のホン・ソンハク(三二)だった。マレーシア捜査当局は、二人が北朝鮮工作員グループの一員で、ジェームズは実行犯の女性を探す「勧誘役」として働き、チャンは実行犯を鍛え上げる「教育役」を担っていたとみている。

一〇日前からの「本番モード」

シティがインドネシアからクアラルンプールに戻ったのは、二月二日だった。供述によると、シティはクアラルンプールに戻ったことを通話アプリでチャンに知らせた。チャンはクアラルンプール南西部の中級ホテルに泊まるよう指示した上で、「今日のところは休んで。明日三日に撮影をしよう」と告げた。

チャンら北朝鮮の工作員グループの暗殺準備は、このころ大詰めを迎えていた。それをうかがわせる、いくつかの事実がある。撮影日の二月三日午後、チャンは変わった行動を見せた。この日は撮影場所で落ち合うのではなく、わざわざシティのホテルまで迎えに来た。そして、チャンはシティのスマートフォンを取り上げて、それまでの通話アプリのやりとりを消去した。シティが「何で消去するの?」と聞くと、チャンは「他の人に読まれたくないからだ」と答えたという。

撮影も「本番」を意識した場所に移された。二月三日の撮影場所は、クアラルンプール国際空港の第二ターミナル。後に殺害事件の現場となるターミナルだった。

この撮影でシティとチャンは、ターミナルの到着ホールに立ち、いつものように東洋風の通行人の男性をいたずらの相手に選んだ。シティはベビーオイルを手になじませ、男性の顔に塗りつけて驚かせた。素早くトイレに逃げ、手を洗うまでの一連の動きが、身についていた。少し間を置いて、別の男性にもいたずらを仕掛け、撮影を終えた。板に付いた演技の報酬は、いたずら二回で計二〇〇ドル（約二万二千円）に上った。

翌四日、シティは母親の携帯電話に、こんなショートメッセージを送っている。「ママ、きっと明日には送金できるからね。ずっと撮影が続いていたの」。シティは報酬の一部を、実家への仕送りにあてていたようだ。

また、シティは久しぶりに会おうと誘ってきた知人男性に「今日も午後五時から撮影なの」と断りの連絡を入れていた。知人男性は「女優ってのは忙しいんだな」と返事をした。

撮影は続いた。二月七日にはクアラルンプール国際空港第一ターミナルで、同じく東洋風の男性にいたずらをした。報酬は一五〇ドル（約一万六千円）だった。その夜、シティはフェイスブックでつぶやいた。「撮影終了。また出演の機会がもらえたらな。体は疲れているけど、やる気満々」

願いは、すぐにかなえられた。翌八日午後、チャンから「明日からマカオで撮影する」と告げられ、旅費として四千リンギ（約一〇万五千円）を渡された。二万円もあれば往復できるマカオの旅費としては、十分すぎる額だった。

マカオ行きのことを、シティは友人に伝えていた。シティのスマートフォンには、次のような通信記録が残っていた。

シティ「明日はマカオに行くよ」
友人「マカオに？　仕事で？」
シティ「撮影」

ただ、マカオ行きは土壇場で中止になったようだ。マカオに飛ぶはずだった二月九日、シティは彼氏に「（チャンから）キャンセルと言われた」と連絡を入れた。マカオは正男の自宅がある場所で、チャンら工作員グループはマカオでの襲撃も視野に入れていた可能性がある。

マカオ行きが中止になった後、改めて二月一一日に、クアラルンプール国際空港第二ターミナルで撮影があった。到着ゲートで東洋風の男性にいたずらをした報酬は二〇〇ドル（約二万二千円）。いたずら一回あたりの額で見ると、二月三日に一〇〇ドルだったものが、二月七日に一五〇ドルになり、二月一一日には二〇〇ドルに増えていることが分かる。

撮影があった二月一一日、シティは二五歳の誕生日を迎えた。捜査関係者によると、チャンはシティに誕生日プレゼントとして、六〇〇ドル（約六万六千円）を手渡したという。

二月一二日夜には、クアラルンプール中心部のレストラン「ハードロックカフェ」で仲間との誕生日パーティーがあった。シティは長い髪をカールさせ、バラ色のシャツで着飾った。友人や彼氏とともに音楽を聴きながら、厚切りのステーキを口に運んだ。シティは「夕食の時間」「愛されてる気分」とコメントを付けて、ごちそうが並ぶ机の動画をフェイスブックに投稿した。

シティが正男を襲うのは、それから、わずか九時間後のことだ。シティの弁護士は「シティが投稿を続けていたのは、犯罪に関わる意識がなかったことの証しだ」と主張している。

空港で「いたずら」の打ち合わせ

事件当日の二〇一七年二月一三日。シティは朝八時からクアラルンプール国際空港第二ターミナルで、いたずら番組の撮影に参加することになっていた。空港までは彼氏の車で行く約束だった。

午前六時前、身支度を整えたシティは彼氏に通話アプリでメッセージを送った。「準備できたよ」。彼氏から、すぐに返事が来た。「下りてきな。もう下に着いてるから」。ランドローバー社の茶色い四駆で迎えに来てくれていた。

捜査資料によると、彼氏はマレーシア籍の二六歳。シティのマッサージ店などに料理を届ける仕出屋で、シティとは二〇一六年六月ごろに知り合った。

空港までは二時間近くかかった。シティが住み込みで働くクアラルンプール東郊のマッサージ店から、南郊の国際空港までは約六〇キロ。有料道路を使っても、渋滞に巻き込まれることが多い区間だ。

午前七時四〇分ごろ、第二ターミナルに着いたシティは、スマートフォンのショートメッセージで、チャンに「着きました。今どこですか?」と連絡した。チャンは待ち合わせ場所として、ターミナル三階の出発ホールにあるカフェ「ビビク・ヘリテージ」を指定した。

ビビク・ヘリテージは、マレーシア風の軽食や飲み物が楽しめる店で、同じく出発ホールにあるスターバックスと並ぶ人気がある。白黒のタイルを交互に敷き詰めた床が特徴的で、その上に白い大理石の丸テーブルと木製のいすが並んでいる。丸テーブルには一卓ずつ番号が振ってあるが、店員が注文を聞きに来るわけではない。注文も支払いも、客がバーカウンターで済ませる形式だ。店の目の前には自動チェックイン機が並んでいて、出国ゲートまでは六〇メートルほど。出発ホールをよく見渡せる位置にあり、時間をつぶすには打ってつけの場所だ。

シティとチャンが落ち合ったのは、ビビク・ヘリテージの一五番テーブル。先にテーブルについたのは、チャンだった。店内の防犯カメラが、その様子を捉えていた。

八時一〇分：チャンがビビク・ヘリテージに現れ、一五番テーブルにつく。黒いアディダスのキャップを目深にかぶり、黒縁の眼鏡をかけ、無精ヒゲを生やしている。上は灰色のフード付きのパーカーを羽織り、下は暗い色の長ズボンとスニーカー。右手にはガラケーを持ち、左手には白い手提げ袋を持っている。手提げ袋には何か黒っぽいものが入っているが、はっきり見えない。ガラケーをテーブルの上に置き、いすに座る。左右をキョロキョロと見回す。シティの到着を待っているようだ。

八時一二分：チャンはシティを待つ間、その場で撮影の準備をする。ガラケーとは別にスマートフォンを取り出し、自撮り棒の先に取り付けて、周囲を試し撮りする。

八時一四分：シティが現れる。灰色のノースリーブの上に、白いスカーフを羽織っている。手を前に組みながら、とぼとぼと店内に入ってくる。急いでいるような様子はない。肩には黒っぽいショルダーバッグをかけている。明るい青色のデニムは、太ももやヒザのあたりが擦れた古着仕様だ。豊かな黒髪を後ろに流し、頭上にサングラスを載せている。一五番テーブルにチャンの姿を見つけ、歩み寄っていく。チャンと何か言葉を交わしながら、いすを右手で引き、腰掛ける。二人がテーブルを挟んで向かい合っている形だ。

八時一五分：チャンが席を立つ。シティに何か飲み物をおごるつもりらしい。注文のためにバーカウンターに向かう。自撮り棒に設置したスマートフォンやガラケーは卓上に置いたままだ。

八時一六分：チャンがバーカウンターに近づく。一五番テーブルに目をやり、シティの様子を気にしている。首をコキッコキッと二度鳴らすように、顔を左右にかしげる。バーカウンターに左ひじを掛けながら、店員に飲み物を注文した後、右ポケットの黒い財布からお札を一枚取り出す。お札の金額が大きかったためか、店員は受け取ろうとしない。チャンは仕方なく一五番テーブルに戻り、シティから一〇リンギ札（約二六〇円相当）を受け取り、バーカウンターに戻って支払いを済ませる。レシートとお釣りを受け取るが、レシートはゴミ箱に捨てる。

八時一七分：シティは一五番テーブルで座ったまま、飲み物を待つ。スマートフォンのフォトアルバムを開いて、前日に撮った写真などを見返す。途中、上半身をねじって腰骨を鳴らすようなしぐさを見せたり、手ぐしで髪をとかしたりする。

八時一八分：バーカウンターでコーヒーカップを受け取ったチャンが、コーヒーをこぼさないように、ゆっくり一五番テーブルに戻ってくる。コーヒーカップをテーブルに置き、シティに渡す。シティはコーヒーカップに左手を添えて、右手のストローで時計回りにかき混ぜる。一口含んだ後、卓上のスティックシュガーを一袋とり、砂糖を注ぎ入れる。今度は反時計回りにかき混ぜる。

八時一九分：いすに座ったチャンが、シティに何やら説明を始める。テーブルに身を乗り出すようにして、身ぶり手ぶりを付けながら話す。シティはスマートフォンをショルダーバッグの中にしまう。

真剣な話をしているようだ。シティはコーヒーを飲むことを忘れ、チャンの説明に聴き入っている。隣のテーブルには誰も座っていない。

八時二一分：チャンが説明を続ける。右の手のひらを開き、そこに左の指先で何かを塗るようなしぐさをする。手のひらに液体を塗った状態で通行人の顔を触る、「いたずら」の手順を確認しているようだ。

ひと通りチャンの説明を受けたシティは、自分で自分の目を指さした後、手のひらで目をこするような動きをしてみせる。「いたずら」の演技がこれでいいのか、チャンに念押しをしているように見える。

説明の合間に、チャンは白い紙切れをシティに渡す。「いたずら」が終わったら、すぐに現場から立ち去ることができるように、タクシーの乗車券を渡したとみられる。シティは乗車券を受け取り、ショルダーバッグにしまう。

八時二二分：これまで空席だった隣のテーブルに女性旅行者が座る。チャンは説明を終わらせる。自撮り棒に据え付けてあったスマートフォンを取り外し、席を離れる。誰かに電話をしに行ったように見える。

八時二三分：チャンが戻るまでの間、シティはショルダーバッグに入れたスマートフォンを取り出し、いじり始める。コーヒーカップに口を付ける。

八時二五分：温かいコーヒーを口にして体が暖まったのか、シティは羽織っていたスカーフを脱ぐ。小さく折りたたみ、ショルダーバッグにしまう。左手で掲げたスマートフォンをのぞき込みながら、右手で髪をかき上げる。スマートフォンのカメラを自撮りモードにして自分を映し、鏡代わりにしているようだ。

八時二七分：シティはショルダーバッグにしまっていた乗車券を取り出し、デニムの右後ろのポケットに入れる。コーヒーをすすりながら、チャンが戻ってくるのを待つ。

八時二八分：チャンがテーブルに戻り、座る。シティは再び、手のひらで目をこするようなしぐさをしてみせる。「いたずら」の動作を、繰り返し確認する。チャンはスマートフォンを自撮り棒にセットし直し、シティの方に向ける。シティは軽くピースサインをしてみせる。

八時三二分：二人はテーブルに座ったまま、出発ホールの中ほどにある自動チェックイン機の方を指さして、眺める。「いたずら」する場所を確認しているようだ。その後、自動チェックイン機から出発ホールの出口までの通路を、指さし確認しながら目で追う。「いたずら」した後に逃げるルートも確かめている。

八時三三分：確認作業を終え、二人はテーブルを挟んで腰掛けたまま、談笑する。シティが差し出した左の手のひらに、チャンが右の手のひらを重ねてハイタッチする。ハイタッチした手はすぐに離さず、二秒余り重ねたままにす

犯行前の打ち合わせで，ハイタッチするシティ（右）とチャン（2017年2月13日，関係者提供）

る。恋人のように、親しげだ。
八時三四分：シティはいすに座ったまま上半身を左右に回して、ポキッと骨を鳴らすようにストレッチする。シティは再び、スマートフォンをショルダーバッグの中にしまう。
八時三五分：二人が席を立ち、自動チェックイン機の方に歩き出す。

チャンが席についた八時一〇分から、二人が席を立つ八時三五分まで、二五分間。防犯カメラの映像からは、シティとチャンが入念な打ち合わせをしていたことが浮かび上がった。

気になるのは、この打ち合わせで、シティとチャンが具体的にどんな言葉を交わしていたかだ。防犯カメラが記録しているのは映像だけで、音声は残っていないのだが、シティが逮捕後に弁護士に打ち明けたところによると、チャンは「これが最後の撮影になるかもしれない」と語りつつ、「いい演技を見せてほしい」「演技がうまければ、次に仕事があったときに声をかける」と告げたという。

さらにチャンは、いたずらの相手の特徴についても説明した。いたずらの相手は「我々の撮影会社のナンバー2」で、風貌は「金持ち風」の「大柄な男性」。ただ「怒りっぽい」ところがあるので「いたずらが終わったら、すぐに空港を離れろ」と忠告したという。

つまりチャンは、いたずらの相手は撮影会社の「身内」なのだから思い切って演技できるはずだと発破をかけて犯行の完遂を促しつつ、現場で取り押さえられることがないように逃走の手はずも整えていたということだ。

わずか一瞬の犯行

打ち合わせの後、シティとチャンは自動チェックイン機の近くで待機した。ちょうど自動チェックイン機のそばには柱があったので、その柱の陰に隠れて、いたずらの相手が来るのを待ち伏せした。約二〇分後。誰かと電話するふりをして時間をつぶしていると、シティの耳元でチャンがささやいた。「あのグレーのジャケットを着た男だ」。チャンの目線の先に、ゆったりとした歩調で近づいてくる、恰幅のいい男性の姿が見えた。事前に聞いていたとおりの、髪の薄い、東洋風の男性。金正男だった。

近づいてくる正男(右の丸)の姿を，柱の陰から確認していたシティ(左の丸)(2017 年 2 月 13 日，関係者提供)

シティは、この時の心境について、拘置所で面談したインドネシア政府関係者らに次のように語っている。「相手は大柄だったので、殴られるのではないかと心配になったのです」「チャンから「相手は怒りっぽい性格だ」と聞いていたので心配だったのです」「警察を呼ばれるかもしれない、という恐れもありました」。ただシティには、ここで撮影を止めるだけの勇気はなかった。

シティは柱の陰から、正男の動きを凝視した。あと数秒もすれば正男はシティの目の前を通り過ぎ、一〇メートル先の自動チェックイン機の前で立ち止まる。その時が「いたずら」のチャンスだった。

正男(中央奥の人影)に歩み寄るシティ(左向きの人影)を捉えた監視カメラの画像(2017年2月13日,関係者提供)

チャンが、また耳元でささやいた。「手を出して」。シティは正男から目線を外さず、手だけをチャンに差し出した。オイル状の液体が手のひらに垂らされるのを感じた。どんな容器から液体が垂らされたかは見ていない。正男を観察するので精いっぱいだった。

続けてチャンから「オイルがこぼれないように拳を握っておけ」と忠告された。言われた通り、拳を握りしめた。シティが正男を確認してから、オイルを手に塗るまで、一〇秒足らずで準備が整った。

正男はシティやチャンの存在に気づかぬまま、柱の前を通り過ぎ、自動チェックイン機の前で立ち止まった。

すかさずシティは、正男に忍び寄った。握っていた拳を開き、オイルを両手になじませた。正男の背後から左前方に回り込んで、残り一メートルの距離まで接近した。ひと呼吸置き、間合いを計って、左足を大きく前に踏み出した。両手を伸ばし、正男の顔に触った。「目からあごにかけて液体を塗りつけました」。シティは後の取り調べの中で、顔に触れたことを認めている。

不意を突かれた正男は、とっさに左腕を持ち上げるようにして、シティを振り払った。正男は、両手がふさがった状態だった。左手に航空チケットのような紙を握り、右手で旅行バッグを抱えていた。

「お前は誰だ⁉」

正男が声を上げた。

「あっ、ごめんなさい」

シティは頭を下げ、胸の前で手を合わせた。と同時に、異様な光景が目に飛び込んできた。こちらを見つめる正男の顔に、後方から誰かの腕が伸びてきたのだ。

一瞬の出来事だったが、シティはその時の記憶を、後に弁護士などとの面談で明かしている。「いたずら相手(正男)の顔を見たとき、誰か他の人の手が伸びてくるのを見ました。それを見た私は、すぐに立ち去りました」。シティは、それが誰の手なのか、おおよそ見当がついていた。実は、事前にチャンから「もう一人、別の女優もいたずらに参加する予定だ。同じような演技をする」「もう一人の女優のことは気にしないでいい」「即座に逃げるように」と言われていた。チャンが言っていたのは、シティと同じように北朝鮮の工作員に雇われていた、ベトナム人女性のドアン・ティ・フォンのことだった。

シティは周囲の旅行客の間を縫うように、走って逃げた。正男は事情をのみ込めぬ様子で、遠ざかるシティの背中を見つめたまま、立ち尽くしていた。チャンはいつの間にか、姿を消していた。

「オイル」が放つ臭い

シティは出発ホールから出て、手を洗うために階下のトイレに向かった。同じ階のトイレに行かなかったのは、事前にチャンから「いたずら相手は怒りっぽい性格だ」「トイレではち合わせるとまず

事件現場から足早に立ち去り，階下のトイレに向かうシティ．空港の監視カメラが，その様子を捉えていた（2017 年 2 月 13 日，関係者提供）

いので、下の階のトイレを使うように」と忠告されていたからだった。

監視カメラの映像によると、トイレに向かう間、シティは両手を体から離して服を汚さないようにしたり、エスカレーターの手すりを触らないようにしたりしていた。巡回中の警察官のすぐそばを、足早に駆け抜ける場面もあった。

トイレに入ったシティは、手に塗られたオイルの臭いに気づいた。車の修理工場に漂っている、エンジンオイルのような臭いがした。水で流してもぬめりが取れず、セッケンを使って約三分間洗った。痛みやかゆさは感じなかった。

トイレから出たシティは、ショルダーバッグの中からスカーフを取り出した。スカーフを肩にかけ、一階のタクシー乗り場に向かった。チャンが事前にくれた乗車券でタクシーを拾った。正男を襲ってからタクシーに乗るまで、シティは「一〇分ほどだった」と記憶しているが、実際には二五分ほどたっていた。

空港からクアラルンプール市内に戻るタクシーの中で、シティは急なめまいや眠気に襲われた。有料道路を走っていたが、運転手に頼んで車を停めてもらった。路肩にうずくまり、胃酸混じりの唾液を吐き捨てた。胃から不快なガスもせり上がってきた。

シティは「胃潰瘍の症状と似ている」と感じた。もともとシティは胃が弱く、吐き気を覚えることは珍しくなかった。この日も朝、チャンとの打ち合わせでコーヒーを飲んだため、胃が刺激を受けたのだろうと理解した。

後に猛毒ＶＸの鑑定にあたった化学者は、裁判で「ヒトの手の皮膚や脂肪は厚いため、一五分以内に手を洗えば、中毒症状が出なかったとしても不思議ではない」との見解を示している。シティの急な体調変化がＶＸの影響だった疑いは残るものの、トイレで手を洗ったことで死の危険を回避した可能性が高い。解毒剤を渡されたこともなかったとシティは供述している。

その後、シティはクアラルンプール中心部でタクシーを降りた。ショッピングモールに寄り道し、リーバイスのデニムを一本買った。買い物袋を写真に収め、通話アプリ「ワッツアップ」で友達に送った。ひと仕事終えた自分へのご褒美だった。

夜になると、また体の具合が悪くなった。体調不良について、シティは知人らに状況を伝えていたらしい。スマートフォンには、額に冷却シートを貼って横になる様子（午後七時撮影）や、赤く充血した目を見開いた様子（午後一一時撮影）などの自撮り画像が残っていた。毒を扱ったことによる影響か、体調不良がたまたま重なったのか、警察も解明できていない。

ただ、翌一四日には体調を持ち直したようだ。いつもどおりマッサージ店の仕事に戻った。スマートフォンには、胸元が開いた赤いシャツを着て、ピンクの唇を半開きにした自撮り画像（午後一〇時撮影）を残していた。

また、この日は再びチャンから撮影の誘いがくる可能性があった。チャンは「(一三日の)演技がうまければ、次に仕事があったときに声をかける」「一三日から三日間ほど撮影が続く」と語っていた。

なにより一三日の撮影の報酬が未払いだったので、どこかでチャンと落ち合う必要があった。それまでは撮影当日か、おそくとも翌日には報酬を受け取っていた。シティはチャンに電話したが、つながらなかった。通話中ではなく、電源が入っていなかった。チャンが既に海外に逃れていることを、シティは知らなかった。

警察から逃げ隠れせず

マレーシア警察は正男を襲った実行犯として、シティの行方を追った。警察が手がかりにしたのは、事件現場となった空港の監視カメラだった。

監視カメラの映像を解析したところ、シティが事件前、ランドローバー社の茶色い四駆で空港に来ていたことが確認できた。四駆のナンバーは「B」から始まるローマ字三文字と、「3」から始まる四桁の数字からなっていた。車両情報を検索すると、シティの彼氏の名前が浮かんだ。警察は事件二日後の二月一五日夜、彼氏を逮捕した。

彼氏は警察の取り調べに、シティを空港まで送り届けたことを認めたが、事件のことは初耳で、何のことか分からないと供述した。シティに人を殺すような度胸はないことや、シティと結婚するつもりだったことも打ち明けた。犯歴がなく警察に協力的な彼氏を、警察は容疑者というよりも捜査の助けになる重要人物として勾留することにした。

警察が彼氏からシティのホテルを聞き出し、家宅捜索の準備に入ったのは、時刻が午前〇時を回ってからだった。裁判で捜査員が証言したところによると、捜査班がホテルに着いたのは二月一六日午前二時一五分。エレベーターで三階まで上がり、シティが寝泊まりする三五六号室に踏み込んだ。ドアは開いていて、部屋は明るかった。シティはベッドの上にいたが、まだ寝ていなかった。何の容疑をかけられているのかと、驚いた様子で尋ねたという。逃げ出すようなそぶりは見せなかった。

捜査班はシティに手錠をかけ、警察署に連れて行った。同時に、部屋にあるシティの所持品を押収した。具体的には、シティが犯行時に身につけていたとみられる灰色のノースリーブや、薄手のスカーフ、水色のデニムのほか、レイバンのサングラス、ルイ・ヴィトンのバッグ、スマートフォン二台、靴、パスポートなどだった。いずれも汚れが残っていて、洗い流した様子はなかった。これら押収物から毒物が検出されるようなことがあれば、それはシティが実行犯だったことを裏付ける重要な証拠になる。

手落ち捜査で猛毒の出処が不明に

毒物鑑定を担当したのは、警察の依頼を受けたマレーシア化学局だった。化学局の資料によると、ノースリーブなどの押収品は二月二一日（事件の八日後）、シティの爪の切れ端や爪の周りを拭いた綿棒は二月二四日（事件の一一日後）、シティの血液は三月六日（事件の二一日後）に、それぞれ鑑定に回された。

鑑定の結果、押収品の中で唯一、ノースリーブから猛毒の神経剤ＶＸの関連物質が検出された。シ

毒物鑑定で，猛毒ＶＸの関連物質が検出されたノースリーブの画像(関係者提供)

ティが正男に塗った液体にはＶＸが含まれていて、そのＶＸの飛沫がノースリーブに付着した可能性を示唆するものだった。殺意の有無は別として、シティの行為によって正男が死亡した疑いが一段と強まった。

　ところが、警察は致命的な捜査ミスを犯していた。捜査班がシティの部屋を捜索した時、証拠集めを急ぐあまり、押収品の扱いがおろそかになっていた。本来であれば、押収したノースリーブは新しい袋などに入れて密封すべきところ、捜査班は部屋にあった袋に入れて持ち帰っていた。しかも、その袋は、シティが事件前に北朝鮮工作員の男チャンから渡された袋だったことが後の裁判で判明した。

　この結果、ノースリーブから検出されたＶＸの関連物質が、シティ由来のものなのか、袋由来のものなのかが、分からなくなってしまった。あらかじめ袋の中に、ＶＸが付着していた可能性を排除できないからだ。

　立証の決め手になるはずだったノースリーブは、逆に証拠管理の甘さを物語る立証の壁となり、捜査全体の信用性に影を落とし続けることになる。

資料　シティ・アイシャの供述

供述調書の主要部分と拘置所での面談記録から抜粋。（＊）は筆者の補足。

事件当日について

——面談記録——

二月一三日の撮影場所は、クアラルンプール国際空港の第二ターミナルでした。午前八時に第二ターミナルに来るようにと、事前にチャンから指示を受けていましたので、彼氏の車で行きました。チャンとは、ビビク・ヘリテージというカフェで待ち合わせました。ビビク・ヘリテージは（＊事件現場となる）出発ホールの自動チェックイン機のすぐそばにありました。チャンはインドネシア語が堪能でした。

ビビク・ヘリテージに行くと、チャンが待っていました。チャンは「これが最後の撮影になるかもしれないが、いい演技を見せてほしい。もし演技がうまければ、それを上司に伝え、次に仕事があったときに声をかける」と話しました。

いたずらの相手についても、チャンから説明がありました。相手は、チャンが勤める撮影会社のナンバー2で、偉そうな感じの男性だということでした。さらに、見た目は中国系で、髪の毛が薄い、とも言っていました。

事件の瞬間について

——面談記録——

私とチャンは午前八時半ごろ、自動チェックイン機の脇にある柱の陰に立ち、相手が来るのを待ち伏せていました。チャンは自撮りをするふりなどをして時間をつぶしていましたが、私は退屈でした。

しばらくすると、チャンが「あのグレーのジャケットを着た男だ」とささやきました。チャンは「手を出して」と言い、私の手のひらにオイルを垂らしました。チャンは「オイルがこぼれないように拳を握っておけ」と言いました。

私は少し不安になりました。相手は大柄だったので、殴られるのではないかと心配になったのです。警察を呼ばれるかもしれない、という恐れもありました。

そこで私は、相手に(*気づかれないように)静かに近づきました。手のひらを擦り合わせて、両手にオイルをなじませました。相手が自動チェックイン機の前まで歩いてきたところで、接近し、顔にオイルを塗りました。

すると、相手は私の方に顔を向け、「お前は誰だ⁉」と聞いてきました。私は頭を下げて手を合わせ、「あっ、ごめんなさい」と言って立ち去りました。

その時、誰か他の人の手が、相手の顔に向かって伸びているのを見ました。実はチャンから事前に「もう一人、別の女優もいたずらに参加する予定」だと聞いていました。チャンから「もう一人の女優のことは気にしないでいい」「即座に逃げるように」と言われていましたので、私はすぐに立ち去りました。

オイルについて

——供述調書——

警察官：あなたは正男氏に何を塗ったか、分かっていたのですか?
シティ：オイル状の液体です。チャンは私の左手に液体を垂らしました。液体はベタベタしていました。特に痛みなどはありませんでした。いたずらした後、まっすぐトイレに向かいました。手を水で洗いましたが、ベタベタが取れなかったので、セッケンを使ってベタベタを洗い流しました。手を洗っている最中に、車のエンジンオイルのような臭いがすることに気づきました。手を洗い終えた後は、すぐにトイレから立ち去りました。

タクシーで空港を離れた後について

——面談記録——

トイレで手を洗った後、タクシーに乗りました。タクシーの中では、めまいを覚えました。有料道路の途中で車を停めてもらい、ドアを開けて吐きました。固形物は出ず、ゲップと胃液だけが出ました。朝コーヒーを飲んだからだと思います。コーヒーを飲むと、いつも胃の具合が悪くなるのです。眠気も感じたのですが、寝られませんでした。

逮捕の前後について

——面談記録——

空港から(*住み込みで働くマッサージ店に)戻った後は、普通に仕事をしていました。チャンから出演料をもらっていなかったので、何度かチャンの携帯に電話をかけましたが、電源が入っていませんでした。チャンが「三日ほど忙しくなる」と言っていたのを思い出しました。

(*事件の三日後の)二月一六日、逮捕されました。

逮捕当初、捜査員は大きな声で私を取り調べましたが、私が協力的であることを知ってからは、声のトーンを下げました。捜査員からは「なぜ(*手に毒を塗ったのに)死ななかったんだ?」と聞かれました。私は「事情が分からない」と答えました。

第5章

暗躍する
北朝鮮工作員

犯行後，服を着替えてからチェックインを済ませ，出国ゲートに向かうハナモリ（手前）ら北朝鮮の工作員たち（2017年2月13日，関係者提供）

金正男がクアラルンプール国際空港第二ターミナルの出発ホールで襲われた後、捜査に乗り出したマレーシア警察が、犯人特定の手がかりとして重視したのは、空港の監視カメラの映像だった。警察は複数の映像をつなぎ合わせることで、実行犯の行動だけでなく、実行犯の背後に見え隠れする、不審な男たちの影も追った。

暗殺の「教育役」の影

空港の監視カメラの映像からは、正男の行動を先読みし、空港で待ち伏せする実行犯二人の様子が確認できた。正男が、いつ現れ、どこを通って、どの自動チェックイン機の前で立ち止まるか。実行犯はターゲットの癖まで見抜いているようだった。

また、実行犯二人の動作は、驚くほど似たものだった。二人は正男に続けざまに飛びつき、毒の浸透が早い目を触った後、トイレに駆け込んで手を洗い、タクシー乗り場で車を拾った。まるで二人の女優が、同じ台本をもとに演技を競っているようだった。だとすれば背後に、台本を渡した黒幕がいたとしても不思議ではなかった。警察は暗殺のプロが介在した組織的な犯行とみて、監視カメラ映像の解析にあたった。

警察の見立て通り、映像には不審な動きを見せる工作員らしき男たちの影が映り込んでいた。中でも目立っていたのは、インドネシア人の実行犯シティのすぐそばに立つ、痩せ形の男だった。シティの供述によると、この男は「チャン」と名乗る自称中国人だった。口の周りとあご先にヒゲを生やしていた。黒縁の眼鏡をかけ、黒地のキャップを目深にかぶっていた。キャップの前面には、白いアディダスのロゴ。フード付きの灰色のパーカーを羽織り、ジーパンのような素材の長ズボンを履いていた。右手の人さし指には、絆創膏のようなものを巻いていた。靴は黒っぽい色のスニーカーで、ラバーソールだけが白く浮き立っていた。

柱の陰に隠れていたチャン（右の丸）は，正男（左の丸）が柱の前を通り過ぎると，姿を現し，現場から立ち去った（2017年2月13日，関係者提供）

犯行の直前、チャンはシティとともに、柱の陰で正男を待ち伏せしていた。正男が出発ホールに現れると、チャンはシティの手のひらにオイル状の液体を垂らした。何も知らない正男は、チャンやシティに気づかぬまま、柱の前を通り過ぎた。チャンは柱の陰から姿を現し、正男の背中を横目で追いながら、現場からゆっくりと離れていった。右手はパーカーのポケットに突っ込み、左手には白い手提げ袋を持っていた。チャンは二〇メートルほど離れたところで、一瞬だけシティの方を振り返り、正男に飛びかかる様子を確認した。襲撃が成功したことを見届け、立ち去った。

その後、チャンはトイレに入った。トイレには他の旅行客も出入りしていた。しばらく経ってから、体格のよ

黒いキャップをかぶっていたミスターYは犯行直後，トイレに向かい，服を着替えて出てきた（2017年2月13日，関係者提供）

く似た男が出てきた。ヒゲは生えておらず、眼鏡もかけていなかった。キャップもパーカーも見当たらず、白い手提げ袋も持っていなかった。代わりに赤いTシャツを着て、赤いビニール袋を抱えていた。

捜査員の一人は「捜査をかく乱するために、チャンはトイレの中でヒゲをそった。着ていた服も脱ぎ、変装した。ただ、靴の替えは用意していなかったようだ。白いラバーソールが目立っていて、同一人物だと気づいた」と振り返る。犯行の三〇分前には、チャンがシティとカフェで打ち合わせしていたことも別の監視カメラの映像から判明した。チャンはシティを世話する教育役だったと、警察は判断した。

シティに教育役がいたなら、ベトナム人の実行犯フォンにも同じ役回りの人物がいたはずだ。フォンが待ち伏せしていた場所は監視カメラの死角で、はっきりした映像は残っていなかったが、フォンの周りを歩く長身の男の姿は確認できた。フォンの供述によると、この男は「ミスターY」と名乗る自称韓国人だった。ミスターYは、チャンとよく似た地味な格好をしていた。黒いキャップをかぶり、灰色の半袖カッターシャツを着ていた。黒っぽい長ズボンに、黒いスニーカー。背中のリュックも黒かった。

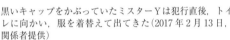

ミスターYは、行動もチャンとそっくりだった。正男が出発ホールに現れると、ミスターYはフォンにターゲットが来たことを告げ、フォンの手のひらにオイル状の液体を垂らした。フォンが正男の顔に液体を塗りつけるのを確認しながら、出発ホールを去り、トイレで服を着替えた。上半身は灰色の半袖カッタージャツから黒っぽいVネックのTシャツに。黒いキャップの代わりに灰色のキャップをかぶり、サングラスをかけた。犯行の一時間前に、ミスターYがフォンと並んで歩いている映像も確認された。犯行現場を下見していたようだ。

悠然と一服して国外脱出

映像の分析を進めると、教育役のチャンとミスターYに指図する指示役の姿も見えてきた。紫色のポロシャツを着て、カーキの長ズボンにサンダルを履いた、年配の男。ポロシャツの裾をズボンから出して、黒いリュックを右肩にかけていた。地味な服を着た教育役とは対照的に、遠くからでもよく目立つ格好だった。この男をフォンは「ハナモリ」と呼んでいた。

犯行直前、ハナモリは出発ホールの入口にあるカフェに座っていた。ハナモリは正男が出発ホールに現れた瞬間、立ち上がった。それを見たミスターYはフォンのもとに近づき、ターゲットが現れたことを知らせた。ハナモリは、続いて柱の陰に潜むチャンのところまで駆け寄り、ターゲットが来たと伝えた。その後、ハナモリは三〇メートルほど離れたところから、犯行の様子を見守った。右手をズボンのポケットに入れ、左手で携帯電話をいじるようなそぶりを見せつつも、視線は実行犯の方に向けていた。

犯行を見届けた後は、携帯電話を左耳にあて、話し始めた。襲撃が成功したことを誰かに報告していたのか。電話が終わると、携帯電話を左ポケットにしまった。出発ホールを見渡し、ひと呼吸ついた後、そばにいた旅行客と言葉を交わす余裕を見せた。その足で出発ホールの外の喫煙所に行き、指に挟んだタバコを口にあてがった。煙を吐きながら右手の時計をのぞき込み、タバコを灰皿に押しつけて火を消した。左ポケットにしまっていた携帯電話を取り出し、また話し始めた。誰かから電話がかかってきたようだった。

ハナモリは階下の駐車場に向かい、迎えのワゴン車に乗り込んだ。ワゴン車は黒っぽい中古車で、北朝鮮大使館に出入りする男が用意したものだった。その男の運転で東に二キロほど走り、国際線が離発着する第一ターミナルに移動した。ハナモリはワゴン車の中で、サラリーマン風の服に着替えた。上半身は紫色のポロシャツから白いワイシャツに変えた。黒いスラックスにベルトを締め、革靴を履いた。ワイシャツの袖は余った分を折り曲げ、ひじまでたくし上げた。

第一ターミナルに到着し、ワゴン車を車寄せに付けた。ちょうどそこにチャンとミスターYもタクシーでやってきた。合流した三人はワゴン車からスーツケースを一つずつ取り出した。スーツケース

犯行直後，喫煙所でタバコを吸ったハナモリ（2017年2月13日，関係者提供）

の色は、いずれもシルバーで、機内への持ち込みができるサイズだった。事前に荷造りし、ワゴン車に積み込んでいたようだ。年長のハナモリは、自分のスーツケースをミスターYに運ばせた。三人はそろって航空会社のチェックインカウンターに向かった。カウンターにパスポートを提出し、搭乗券を受け取るまでの間、三人はカウンター前で話し込んでいた。ハナモリは手のひらで目をこするようなしぐさや、両手で何かをつかむような動作を見せた。実行犯が正男を襲った場面を振り返り、その成果をかみ締めているようだった。

出国審査場を抜けて，にやりと笑ったチャン（手前）と，それに続いて審査を受けるハナモリ（2017年2月13日，関係者提供）

三人は出国審査場に並んだ。犯行時刻から一時間五二分が経っており、捜査が早ければ出国を止められる可能性があった。言動を怪しまれないように、自然に振る舞う必要があった。最初にカウンターに歩み寄ったのは、インドネシア語ができるチャンだった。インドネシア語はマレーシアのマレー語に似ているため、審査官と会話ができた。チャンは審査官ににこやかに声をかけ、静かにパスポートを差し出した。審査を受ける間も、言葉を交わし続けた。スタンプを押してもらった後も話を止めず、急ぐそぶりを見せなかった。その間、約二分。左手でパスポートを受け取り、右手を振ってカウンターを離れるころには、審査官が親指を立てて送り出すほどに打ち解けていた。
チャンは審査場を抜けたところで、薄笑いを浮かべた。両眉をピクッと持ち上げ、舌先で左ほほを膨らませた。してやったり。そう言わんばかりの表情だった。チャンの後に続いたハナモリとミスターYは、それぞれ四〇秒ほどで審査を抜けた。そのまま三人は飛行機に乗り、ジャカルタやドバイなどを経由して平壌に戻った。

工作員たちの正体

パスポートの情報などから、三人の素性が明らかになった。警察によると、チャンは北朝鮮外務省に所属するホン・ソンハク。一九八四年三月生まれの三二歳だった。二〇一三年から三年間、インドネシアの北朝鮮大使館に勤務したことがあった。地元情報誌『テンポ』の取材によると、二〇一三年ごろジャカルタの大学キャンパスでホン・ソンハクに似た人物が目撃されていた。現地の事情に精通し、インドネシア人実行犯との年齢も近いチャンは、教育役に打ってつけの人材だった。

ミスターYも北朝鮮外務省の所属だった。本名はリ・ジヒョンで、一九八四年一一月生まれの三二歳。韓国の聯合ニュースによると、かつて駐ベトナム大使を務めた父親とともにベトナムで一〇年ほど暮らしていたことがあった。二〇〇九年から一年あまりベトナムの北朝鮮大使館で見習い職員として勤務した後、本省に帰ってベトナム語の通訳を務めていたという。二〇一四年から二〇一七年にかけて、少なくとも一〇回、ベトナムを訪問していたことも、渡航記録から判明した。外務省きってのベトナム通が、フォンの教育にあたっていたことが分かった。

これら二人の教育役を束ねていた指示役のハナモリは、外務省の所属ではなかった。警察によると、ハナモリは国家保衛省に所属するリ・ジェナムで、一九六〇年一〇月生まれの五六歳。国家保衛省とは、国内外のスパイや反体制派の摘発を担う秘密警察のことだ。事件までの一年間に少なくとも五回、ベトナムに渡航していたという。

警察はハナモリの他にもう一人、国家保衛省の男が現場にいたことも、監視カメラ映像やパスポート情報からつかんだ。男の名はオ・ジョンギル。一九六二年八月生まれの五四歳だった。インドネシア政府関係者によると、オ・ジョンギルは、かつてインドネシアの北朝鮮大使館に二等書記官として勤務していた。事件当日は黄色い帽子をかぶり、黒縁の眼鏡をかけていた。白い半袖のカッターシャツに、ベージュの長ズボン姿。カッターシャツの第一ボタンは留めずに開け、裾はズボンから出していた。荷物は持っていなかった。

ハナモリ(右)と並んで歩くオ・ジョンギル(2017年2月13日，関係者提供)

オ・ジョンギルは犯行の一時間三五分前、電車に乗って第二ターミナルに来た。犯行現場の出発ホールでハナモリと落ち合い、両手を後ろで組みながら歩いた。途中でハナモリを励ますように、肩をポンポンとたたく場面もあった。ハナモリを出発ホールに残し、ターミナルの外にある降車レーンに移動した。降車レーンは空港まで送られてきた旅行者が、車を降りる場所

犯行後，服を着替え，搭乗ゲートの手荷物検査を通過して飛行機に乗ったオ・ジョンギル(2017年2月13日，関係者提供)

だ。オ・ジョンギルは空のカートを押しながら、降車レーンを行ったり来たりした。正男の到着をいち早く察知し、出発ホールでスタンバイするハナモリに電話する見張り役だったとみられる。

オ・ジョンギルは犯行後の動きも特殊だった。ハナモリとチャン、ミスターYの三人は犯行直後に服を着替え、同じ飛行機で出国したが、オ・ジョンギルは全く別の行動を取った。犯行の四五分後、着替えをしないまま一人で電車に乗り、第一ターミナルに移動した。第一ターミナルに隣接するホテルの自室に戻った後、正午前にスーツケースを持ってロビーに降り、チェックアウトした。スーツケースはシルバーで、機内持ち込みができるサイズだった。部屋で着替えをしたらしく、黒のチェックが入った灰色のワイシャツに、黒の長ズボンを履き、黒いポーチを小脇に抱えていた。

午後二時半すぎ、オ・ジョンギルは第一ターミナルの出発ホールに現れた。出国審査や手荷物検査を難なく通過した。天井を仰ぐようにして、監視カメラの位置を確認することもあった。午後四時四〇分クアラルンプール発のマレーシア航空MH762便でカンボジアの首都プノンペンに抜け、そこから世界遺産アンコールワットがある中部シエムレアプや、隣国タイのバンコクなどを経由して平壌に帰った。

オ・ジョンギルが他の三人と違うルートを使った理由は定かでないが、平壌に帰る前に、経由地のカンボジアなどで済ませたい用事があったのかもしれない。カンボジアは、故シアヌーク国王と故金日成《キム・イルソン》国家主席の親交が深かったことから、北朝鮮レストランなど外貨稼ぎの拠点が複数ある。また、犯行現場にいた三人と行動を別にすることで、一緒に逮捕されるリスクを減らそうとした可能性もある。

このような映像の分析によって、マレーシア警察は国家保衛省のハナモリとオ・ジョンギルの指示のもと、外務省のチャンとミスターYが実行犯を操るという、工作員グループの構図を浮かび上がらせた。警察は事件六日後の二〇一七年二月一九日、北朝鮮の工作員四人を特定したと発表。殺人容疑で逮捕状を取り、国際刑事警察機構(ICPO)に捜査協力を依頼した。

空振りの逮捕

警察はこの発表の時点で、既に工作員四人が平壌に逃げ帰っていて、逮捕が難しくなっていることに気づいていた。そこで警察は、国内に残る容疑者の特定に力を注いだ。まず目を付けたのは、ハナモリらが事件前後に乗っていたワゴン車だった。監視カメラに映ったワゴン車のナンバーは、「W」から始まるローマ字三文字と、「3」から始まる数字三桁で構成されていた。ナンバーの照会をかけると、ワゴン車の所有者が判明した。クアラルンプール市南部のマンションに住む、北朝鮮籍の会社員リ・ジョンチョル。一九七〇年五月生まれの四六歳の男だった。

警察は事件四日後の二〇一七年二月一七日夜、リ・ジョンチョルのマンションに向かった。小高い丘の中腹にあるプール付きの約二〇階建てで、約六〇〇世帯が住む巨大マンションだった。住民の大半は中華系の中間層で、エントランスには赤い提灯が飾られていた。リ・ジョンチョルは妻と息子、娘とともに四階の部屋に住んでいた。捜査員一〇人ほどが部屋に踏み込み、午後九時五〇分にリ・ジョンチョルの身柄を拘束した。リ・ジョンチョルは黒髪を真ん中で分け、青いポロシャツを着ていた。抵抗こそしなかったが、捜査員が向けたカメラを、じっとにらみ付けた。

同じ階に住む男性は「家宅捜索が始まると、部屋から女性の叫び声が響いてきた。それが三〇分ほど続いた後、急に静まり返った。全員が連行されたようだった。捜査員は何も教えてくれず、不安でならなかった」と振り返った。室内からは現金三万八千ドル（約四二〇万円）と、漂白剤らしき塩素系の溶剤、ゴム手袋、歯ブラシなどが押収されたが、猛毒ＶＸに関係するような物質は見つからなかった。

警察が確認した賃貸契約によると、リ・ジョンチョルは事件の一年九カ月前の二〇一五年五月に入居し、月一七〇〇リンギ（約四万五千円）の家賃を現金で支払っていたという。窓のカーテンは閉め切られ、ベランダにはほとんど物がなく、生活感に乏しかった。玄関に表札もなく、近所づきあいもなかった。住民の一人は「静かな中年の父親そのものだった。ラフな普段着に運動靴の姿で、勤め人には見えなかった」と話す。朝鮮語で話すのが漏れ聞こえる程度で「家にいることが多く、友人などが訪ねてくるような場面は一度も見なかったので、いったい何の仕事をしているのかと不思議に思っていた」と語った。

リ・ジョンチョルは、正規の労働許可証を持っていた。クアラルンプール市内の健康食品販売会社に勤めていることになっていたが、同社からは労働許可の取得に必要な名義を借りただけで、給料はもらっていなかった。同社の創業者は取材に「(リ・ジョンチョルの)おじと知り合いだったので、労働許可が取れるように手助けしていた。とても物静かで、礼儀正しい男だった」と語った。何度か北朝鮮からキノコや砂糖などを輸入するビジネスを持ちかけられたが、条件面などで折り合わなかったという。

不起訴となり，警察署を出るリ・ジョンチョル(2017年3月3日，朝日新聞)

リ・ジョンチョル自身は警察に「貿易を手がけていた」と供述した。米紙『ウォール・ストリート・ジャーナル』(WSJ)によると、リ・ジョンチョルのパソコンやタブレット端末には、その供述を裏付けるような資料が残っていた。資料からは、リ・ジョンチョルがマレーシアのパーム油やセッケンなどを米国の制裁対象になっている北朝鮮の貿易会社に送ったり、国連の禁輸措置に反してイタリア産ワインを輸出したりしていたことが読み取れたという。北朝鮮のミサイル施設で使われているクレーンと同型の重機を中古で買い取ろうとしていた痕跡もあった。これらの記録からWSJは、リ・ジョンチョルが制裁をかいくぐって物資を北朝鮮に送る要員だったと結論づけている。

警察にとってリ・ジョンチョルは、絶対に手放したくない容疑者だった。捜査線上に浮かんだ北朝鮮籍の男たちの中で唯一、逮捕できた容疑者だったからだ。警察は勾留期限を延長して約二週間取り調べを続けたが、新しい事実は出てこなかった。リ・ジョンチョルのパソコンや携帯電話も詳しく調べたが、実行犯らとやりとりした痕跡は見つからなかったという。検察当局は「起訴するだけの証拠がそろっていない」(アパンディ司法長官)として不起訴処分にすることを決めた。

勾留満期の三月三日午前八時五〇分ごろ、不起訴処分となったリ・ジョンチョルは両脇を警官に固められ、勾留先の警察署から出てきた。逮捕された時と同じ鋭い目で、駆けつけた報道陣のカメラを凝視した。労働許可証の期限が切れて不法滞在の状態になっていたため、身柄は出入国管理局に移され、北京経由の飛行機で北朝鮮に強制送還された。

「マレーシアは捏造した証拠で私を殺人犯にした。証拠を出すよう求めたら、会社からもらった薬を毒薬として提示された」。三月四日未明、経由地の北京に着いたリ・ジョンチョルは、ため込んでいた不満を記者団にぶちまけた。「大使館の人たちと私が結託して、事件を主導したと言われた」「全部認めたら北朝鮮に帰してやると言われた」と捜査を批判し、「我らの共和国の尊厳を害する謀略だ」と憤りをあらわにした。しばらく北京に滞在した後、三月一八日午後に平壌行きの飛行機で北朝鮮に帰国した。

北朝鮮大使館の抵抗

警察は、リ・ジョンチョル以外の容疑者の特定を急いだ。手がかりになったのは、リ・ジョンチョルが取り調べの中で明かした、ある男の名前だった。リ・ジョンチョルは取り調べで、チョルスという名の男に頼まれて、ワゴン車の購入時に名義を貸したと話していた。リ・ジョンチョルの通話履歴などから明らかになったチョルスの本名は、チャン・チョルス。北朝鮮大使館に出入りする北朝鮮人運転手で、小柄な中年の男だった。

リ・ジョンチョルの携帯電話には、事件三日前にチョルスと宴会を開き、カラオケで歌った時の写真も保存されていた。写真の中のチョルスは、特徴的なデザインのポロシャツを着ていた。襟と袖、胸ポケットの一部だけが黒っぽく、残りは白い生地のポロシャツだった。

犯行直後，ハナモリ(奥)を駐車場まで先導するチョルス(2017年2月13日，関係者提供)

空港の監視カメラ映像を分析していた捜査員は、このポロシャツに見覚えがあった。同じポロシャツを着た人物が、事件の一時間四〇分前にハナモリらを第二ターミナルで降ろし、事件後には第二ターミナルから第一ターミナルまでハナモリを送り届ける様子が監視カメラに映っていた。チョルスは犯行車両の運転手を務める支援役の一人だった。

警察はチョルスの素性と事件への関与を突き止めたものの、身柄を押さえることはできなかった。チョルスは既にクアラルンプールの北朝鮮大使館内に逃げ込んでいて、警察は手が出せない状態だった。外交関係に関するウィーン

犯行当日のキム・ウクイル高麗航空職員（左）とヒョン・クァンソン書記官（2017年2月13日，関係者提供）

条約の定めで、警察は大使館の許可がない限り、大使館内に立ち入ることはできない。

ハナモリらを陰で助けていた支援役は、チョルスの他にも少なくとも二人いた。一人は、北朝鮮大使館のヒョン・クァンソン二等書記官（四四）。韓国情報筋によると、ヒョン・クァンソン書記官は、事件前年にマレーシアに赴任し、マレーシアの北朝鮮人の動向を監視してきた。所属はハナモリやオ・ジョンギルと同じ国家保衛省だった。もう一人は、北朝鮮国営航空会社「高麗航空」のキム・ウクイル職員（三七）。キム・ウクイル職員は、高麗航空が事件前年の一二月にスカッド短距離弾道ミサイルの部品を運搬した疑いがあるとして米財務省や韓国政府の制裁対象に加えられた後も、マレーシア支店で働き続けていた。

監視カメラ映像によると、えんじ色のポロシャツを着たヒョン・クァンソン書記官と、黒い半袖シャツ姿のキム・ウクイル職員は、ハナモリらが第二ターミナルで事件を起こす約三〇分前から、第一ターミナルでスタンバイしていた。第二ターミナルからハナモリらがやってくると、すかさず航空券を渡してチェックインさせ、空港関係者向けの専用通路を使って搭乗ゲートまで誘導した。

ハナモリらの出国を見送った後は、やはり北朝鮮大使館に逃げ帰った。警察はメディアを通じて

「二人（ヒョン・クァンソン書記官とキム・ウクイル職員）は大使館内にいる。呼び出しに応じなければ強制的に連れ出す」と訴えたり、キム・ウクイル職員の逮捕状を取ったりして圧力をかけた。ヒョン・クァンソン書記官の身分は、外交関係に関するウィーン条約の不逮捕特権で守られていて、捜査の壁は高かったが、警察は北朝鮮大使館が隠れ家になっていることを公表することで、事件が国家ぐるみの犯罪であることを浮き立たせた。

逮捕できたのは「捨て駒」だけ

北朝鮮の工作員グループは、いつごろから犯行準備を始めたのだろうか。警察によると、ヒョン・クァンソン書記官は、事件五カ月前の二〇一六年九月二〇日にマレーシアに入国した。翌一〇月には運転手チョルスが、リ・ジョンチョルの名義で犯行車両のワゴン車を一万八千リンギ（約四七万円）で購入した。リ・ジョンチョルが現金三万八千ドル（約四二〇万円）を自宅で保管し始めたのも一〇月だった。リ・ジョンチョルは警察に「北朝鮮向けの食品を買い付けるための資金だった」と説明したが、真偽は定かでない。

一一月には、ハナモリらが「アジト」を借り始めたことも分かっている。マレーシアの地元テレビ局「TV3」が入手した防犯カメラ映像によると、ヒョン・クァンソン書記官と背格好のよく似た人物が一一月二八日、外交官用のナンバープレートをつけた黒色のアウディで、クアラルンプール市南西部の新築マンションを訪問した。その人物は正門前で助手席から降り、東洋風の男性ら二人と言葉を交わしながらマンションに入った。

マンションの管理会社によると、一一月は部屋の貸し出しが始まった時期だった。二棟建ての高層物件で、観葉植物が茂る中庭の脇にはプールやジェットバスが並び、バスケットコートやミニシアター、ジムなどが付いていた。家賃相場は寝室が二部屋のタイプで月六万～一〇万円と、周辺のマンションの一・五倍ほど。現地の不動産業者によると、「お金とパスポートのコピーがあれば、入居審査は不要」だった。マンションは犯行車両の名義人リ・ジョンチョルや、高麗航空職員のキム・ウクイルの自宅からも近く、実行犯が泊まっていたホテルと同じ通りにあった。

アジトを突き止めた警察は事件一〇日後、家宅捜索に入った。猛毒VXが保管されている可能性を視野に、防護服を着込んで総勢二五人態勢で踏み込んだが、もぬけの殻だった。残されていたのは、ナイキの黒いランニングシューズと灰色のスリッパ二足、黒いサンダル二足、青と黄色のゴム手袋、買い物レシート一枚と何本かの抜け毛。VXに関係するような溶剤や器具は見つからなかった。

一〇月に犯行車両を買い、一一月にアジトを確保した工作員グループは、いよいよ事件二カ月前の一二月に実行犯の勧誘に乗り出した。まず、ベトナム語ができるミスターYがベトナムの首都ハノイに飛び、バーに来たアイドル志望のベトナム人フォンを「いたずら番組」の撮影に誘い込んだ。ハナモリが上司のふりをして撮影に合流し、ハノイの商業施設やクアラルンプール市内でテスト撮影を続けた後、クアラルンプール国際空港で事件を起こした。

同じ頃、ジェームズと名乗る男がクアラルンプールのナイトクラブにいたシティを誘い、「いたずら番組」の撮影を持ちかけた。クアラルンプールの商業施設やプノンペンの空港でテスト撮影を重ねた後、インドネシア語ができるチャンが上司のふりをして撮影を引き継ぎ、クアラルンプール国際空港で事件を起こした。

ジェームズはチャンに撮影を引き継いだ後、表に姿を見せなくなった。実際にはテスト撮影を遠くから観察するなどして、裏方としてチャンに付き添っていたとみられる。オ・ジョンギルは、最初から最後まで実行犯と接することはなかったが、テスト撮影に付き添って、ハナモリを手助けしていた。プノンペンの空港でテスト撮影があった時には、実行犯と時間をずらす形でジェームズやオ・ジョンギルもプノンペン入りしていたことが、出入国記録から分かっている。

クアラルンプールの北朝鮮大使館(2017年3月13日,乗京真知撮影)

パスポートの情報によると、ジェームズの本名はリ・ジウ。一九八七年九月生まれの二九歳だった。北朝鮮の対外工作機関「朝鮮人民軍偵察総局」(RGB)の要員だという情報も寄せられたが、はっきりしたことは分からなかった。

事件の後、しばらくジェームズの行方は分からなくなっていた。飛行機やフェリーで出国した記録がなく、小舟で密出国したのではないかとの臆測まで流れた。最終的に居場所が判明したのは、事件から一カ月以上経ってから。ヒョン・クァンソン書記官らと一緒に北朝鮮大使館に潜伏していることを警察が確認した。警察はジェームズを重要参考人に指定し、北朝鮮大使館に引き渡しを求めたが、応答は得られなかった。

結局、警察が逮捕できたのは、事件に関わったとみられる一一人のうち、実行犯のフォンとシティ、犯行車両の名義人リ・ジョンチョルの三人だけだった。三人は事件後も逃げることなく暮らしていたので、身柄を確保すること自体は難しくなかった。問題は逮捕した後で、三人は外国籍だったため、素性を調べる段階から捜査に手間取った。取り調べで三人は「逮捕されるまで正男が死んだことさえ知らなかった」などと容疑を一貫して否認した。

取り調べを進めるうち、警察は三人が暗殺計画を知らされず、「捨て駒」として利用された可能性があることに気づき始めた。「捨て駒」をつかまされ、肝心の「黒幕」を取り逃がしたのではないか。そう感づいた頃には、残り八人の「黒幕」は出国したり北朝鮮大使館に戻ったりして、警察の手が届かない安全圏に逃れていたのである。

第6章

遺体をめぐる攻防

クアラルンプールの病院に安置されていた遺体は棺に入れられ，民間機で平壌に運ばれた（2017年3月30日，関係者提供）

金正男の暗殺を機に、国交樹立から四〇年以上続いていたマレーシアと北朝鮮の友好関係に亀裂が走った。遺体を調べて捜査の進展につなげたいマレーシアと、遺体を回収して真相の究明を阻みたい北朝鮮の対立は、国交断絶の危機に発展。最終的にマレーシアが折れた背景には、マレーシアの虚を突く北朝鮮の「瀬戸際外交」があった。

北朝鮮大使の「要求」

クアラルンプール郊外の病院に正男の遺体が運び込まれたとき、それが世界に名の知れた「キム・ジョンナム」だと気づく警察官や医師はいなかった。残されたパスポートの名前は「キム・ジョンナム」ではなく、別名の「キム・チョル」となっていたからだ。正男はパスポート上、一九七〇年六月一〇日に平壌で生まれた四六歳の「キム・チョル」として生きていた。実際の年齢とされる年よりも一歳年上の設定だった。

「キム・チョル」の遺体を確認したマレーシア警察は、事件当日の二〇一七年二月一三日午後四時五〇分、北朝鮮大使館に電話で「北朝鮮籍の市民が死亡した」「病院まで遺体の身元確認に来てほしい」と伝えた。電話に出た北朝鮮大使館員の反応は薄く、「はい。ありがとう」とだけ言って電話は切られた。ところが、しばらくすると大使館員から電話がかかってきて、「病院の場所はどこか」「解剖はしないのか」などと聞かれたという。翌日には、大使館員三人が病院まで遺体を見にきた。大使館員は遺体を、心臓発作などで病死した一般人と同じ扱いで、回収しようとしていた。

ただ、この頃までにマレーシア警察は、「キム・チョル」が一般人でないことに気づいていた。警察には韓国大使館やマレーシア情報機関から「キム・チョル」は正男の別称であり、死んだのは正男とみて間違いないとの情報が寄せられていた。警察は遺体を引き渡さないことにし、事件二日後の二月一五日には死因究明のための司法解剖に取りかかった。殺人事件として捜査に乗り出し、実行犯の女二人の逮捕に続いて、二月一七日夜には犯行車両の名義人だった北朝鮮人リ・ジョンチョルも逮捕した。

遺体安置所がある病院前では，遺体の搬出を確認するために報道機関が二四時間態勢で張り込んだ(2017 年 2 月 21 日，乗京真知撮影)

北朝鮮人が逮捕されるに至って、それまで沈黙を守っていた北朝鮮大使館が動き始めた。同日午後一一時四〇分、遺体が安置されている病院前に突然、カン・チョル北朝鮮大使が現れた。外交ナンバーの高級車で病院に乗り付け、記者団に「マレーシアは不当に遺体の引き渡しを拒んでいる」と訴えた。病院に入ろうとしたが、門が開かなかったため、再び記者団に向かってマレーシア政府や警察への不満を語った。

記者：なぜここに来たのですか？

大使：自国民の遺体を見るためだ。

遺体が安置された病院前に現れ，マレーシア政府への不満を語った北朝鮮のカン・チョル大使（2017年2月17日，古谷祐伸撮影）

記者：遺体を受け取りに来たのですか？

大使：違う、違う、違う。遺体を引き渡すよう何度も要請したが、マレーシア側に断られている。

記者：なぜ断られたのですか？

大使：二月一三日、マレーシア警察から、北朝鮮籍の人間が心臓発作で死亡したと知らされた。そして、北朝鮮籍かどうかを確認してほしいと要請を受けた。行って確認すると、警察は死因をはっきりさせるために司法解剖をしなければならないと言い始めた。我々は拒否した。心臓発作で死んだと言っていたからだ。心臓発作ならもう調べる必要はないはずだ。でも警察はこちらの許可も立ち会いもないまま、司法解剖を強行した。それが終わったら、もう遺体はいらないから引き渡すと言い出した。ただし、外務省にある引き渡し申請書類を提出することが条件だということだった。外務省に聞いても同じことを言うので、引き渡し申請書類を提出した。だが翌日になっても外務省からも警察からも何も回答がなかった。今朝、マレーシア外務省側と面会して、なぜ遺体を引き渡さないのか理由を聞いた。外務省は、遺体の引き渡しは警察次第で、捜査はまだ終わっていないからだと説明した。そこで今日午後、警察本部を訪ねて、これ以上遺体の引き渡しを遅らせるなと強く要求したのだが、警察は死因の特定とは関係ないことを持ち出して、引き渡しを拒んだ。警察は我々をだましている。時間稼ぎをして何かをたくらんでいる。我が国のイメージを悪くしたいと考えている外部勢力と結託している。韓国は国内の問題から逃げるのに躍起になっている。今回のニュースを派手に仕立てて、我が国に注目が集まるようにしている。だから我々はマレーシア側に対し、我が国の敵対勢力の政治的な陰謀に巻き込まれないように強く要求する。また遺体を無条件で速やかに引き渡すことも強く求める。警察は司法解剖を終えていて、その結果も分かっているはずだ。警察が遺体を保管する理由はない。とりわけ、死亡した男性は外交官パスポートの保有者だ。我が国の保護対象であり、大使館は男性を守る義務がある。しかしながら、マレーシア側は司法解剖が終わったのに遺体を引き渡そうとしない。マレーシア側を強く非難する。遺体を引き渡さない理由がよく分からない。我々はマレーシア側の行為に対して強く対抗する。国際法廷に訴えるつもりだ。

カン大使は約七分にわたって持論を展開した後、記者団に声明文を配って立ち去った。三枚つづりの声明文には「マレーシアの振る舞いを決して許さない」「勝手に行われた司法解剖の結果を絶対に認めない」と挑発的な言葉が並んでいた。北朝鮮当局者が事件について立場を表明するのは、これが初めてだった。

マレーシアの反撃

対するマレーシア警察は、二月一九日に警察本部で記者会見を開いた。会見でヌール・ラシッド・イブラヒム警察副長官は「彼らが何を言おうと構わない。我々は法律や制度に従ってやるだけだ」と北朝鮮側の要求を突っぱねた。「いかなる不審な死についても、捜査を尽くし、報告にまとめ、その報告を裁判所に提出しなければならない。今回のような唐突かつ不審な死は、捜査がなされてしかるべきだ」

　さらにマレーシア外務省は二月二〇日、カン大使を外務省に呼んで抗議した。外務省幹部はカン大使に対し、「捜査はマレーシアの法と規則にのっとって、公平になされたものだ」「マレーシアが外国政府と結託しているというような主張は、極めて無礼だ」と遺憾の意を伝え、文書で謝罪するよう求めた。外務省は同日付の声明でも、北朝鮮の主張は「思い込みやうそ」に満ちていると厳しく非難した。平壌にいるマレーシア大使をクアラルンプールに呼び戻したことも明らかにした。

事件について説明するマレーシア警察のヌール・ラシッド・イブラヒム副長官（2017年2月19日，古谷祐伸撮影）

　マレーシア警察は、連日の記者会見やぶら下がり取材で捜査の進展を小出しにし、北朝鮮側にプレッシャーをかけていった。二月二二日の会見では、事件に関わった北朝鮮籍の男を少なくとも七人特定したとして、写真とともに実名を発表。うち四人は北朝鮮に帰国済みだが、残り三人は北朝鮮大使館などに潜伏していると公表した。

カリド警察長官は「直ちに警察の事情聴取に協力するよう北朝鮮大使館に通達を出した。事情聴取に応じない場合は、逮捕状を取って、強制的に連れ出す」と強気を通した。二月二四日には、遺体から猛毒の神経剤VXの関連物質が検出されたと発表し、北朝鮮側が唱える病死説を退けた。VXは化学兵器禁止条約で製造、保有が禁止されており、調達には専門的な知識を持った組織の関与が必要とみられることから、VX関連物質の検出によって、事件が北朝鮮の国家ぐるみの犯行であった疑いが一段と強まった。

韓国政府も独自の分析をもとに北朝鮮への批判を強めた。二月二七日には韓国の情報機関「国家情報院」が国会情報委員会に事件の分析結果を報告。北朝鮮の秘密警察や外務省が関与していたとの見方を示し、「(正男の弟の)金正恩が組織的に展開した国家テロであることは明白だ」と説明した。同日、スイス・ジュネーブで始まった国連人権理事会の第三四回定例会合では、韓国の尹炳世《ユン・ビョンセ》外相が演説し、北朝鮮の関与を念頭に「VXガスは大量破壊兵器に分類され、国際的な規範で禁止されている。ルールに基づいた国際秩序への挑戦だ」と警告した。尹外相は翌日のジュネーブ軍縮会議の場でも、「(北朝鮮は)いつでも、どこでも、誰にでも、攻撃を与える準備を整えている」と述べ、国際社会に対して北朝鮮の国連加盟国としての権利を停止する措置を検討すべきだと訴えた。

四八時間以内の国外退去処分

対立が深まるなか、北朝鮮は二月二八日、事態打開に向けた交渉団をマレーシアに送り込んだ。交渉団のリ・トンイル前国連次席大使は、同日午後二時すぎ、北朝鮮大使館前で報道対応し、①遺体の引き渡し ②逮捕されたリ・ジョンチョル容疑者の釈放 ③北朝鮮とマレーシアの関係改善、を目指してマレーシア政府と交渉を始めると宣言した。

マレーシア政府高官との面談にこぎ着けたリ・トンイル前国連次席大使は、三月二日に改めて北朝鮮大使館前で報道対応した。まず、死因については「死亡したキム・チョルは、心臓病を患っていたようだ。入院し、たびたび治療を受けていた。普段から薬なしでは旅行ができない状況だった」との伝聞情報を紹介し、「遺留品から心臓病や高血圧、糖尿病の薬が見つかった」ことを理由に心臓発作説を唱えた。また、VX関連物質が検出されたとするマレーシア警察の分析には、「VXは猛毒の化学兵器だ。それなのに、なぜ実行犯二人は死ななかったのか？　なぜ周りの人は無事だったのか？」と疑問を投げかけ、「毒物のサンプルを化学兵器禁止機関（OPCW）に送るべきだ。OPCWが調べて同じ結果が出た場合は、誰がVXを作り、誰が持ち込み、誰が実行犯に渡したかを証明すべきだ」と難題を突きつけた。さらに、「なぜ韓国は、この事件に重大な関心を示しているのだろうか。実行犯二人は事件前に何度か韓国に行っていたという。韓国は事件が起こることを事前に知っていたのではないか」と韓国犯行説を持ち出した。

三月三日には、リ・ジョンチョル容疑者が釈放された。釈放は証拠が十分に見つからなかったためだったが、北朝鮮当局者に付き添われて帰国する容疑者のニュース映像は、リ・トンイル前国連次席大使の外交手腕が事態を動かした印象を与えた。マレーシア当局者は取材に「リ・トンイルは国連で張り合ってきただけに弁が立つ。やっかいな相手が来た」とこぼした。

批判を続ける北朝鮮に対し、マレーシア政府は締め付けを強めていった。アニファ外相は四日、北朝鮮のカン大使を国外退去処分にすると発表した。挑発的な発言をしたり、外務省の呼びかけに応じなかったりしたカン大使は、外交関係に関するウィーン条約が定める「好ましからざる人物」（ペルソナ・ノン・グラータ）にあたると判断し、同日夕から四八時間以内の国外退去を求めた。ペルソナ・ノン・グラータは、外交官に対する最も厳しい非難を表す措置だ。

クアラルンプールの北朝鮮大使館前で報道陣に向けて声明を発表するリ・トンイル前国連次席大使（2017年3月5日，朝日新聞）

これに続いてマレーシアのザヒド副首相兼内相は三月六日、北朝鮮国民向けの「ビザなし渡航制度」を廃止した。この制度は一九七三年に北朝鮮と国交を樹立したマレーシアが、二〇〇九年から北朝鮮国民に認めてきた特別待遇で、両国の友好の証しと捉えられてきた。この特別待遇を利用しながら、北朝鮮はパーム油の貿易やレストラン経営、建設現場の労働に年一千人近くを送り込み、着実に外貨を獲得してきた。マレーシアのアニファ外相は「（特別待遇を終わらせる）措置は北朝鮮との関係を見直すマレーシア政府のプロセスの一部だ」と語り、さらに強い措置に出る可能性をにじませた。

米国もマレーシアに加勢した。ラッセル米国務次官補(東アジア・太平洋担当)は三月七日、米ワシントンでメディアの取材に、事件は「北朝鮮当局によるものか、その指示によって行われた可能性が高い」と指摘し、米当局者として初めて北朝鮮当局の関与に言及した。「暗殺のために他国の領土に乗り込む行為は非難されて当然だ」「迅速で洗練された捜査を行うマレーシア捜査機関に敬意を表する」とした上で、「暗殺に化学兵器(のVX)を使う国は、米国に対しても大量破壊兵器による脅しをかけてきかねない。まじめに交渉しようとする国とは思えない」と非難した。

国外退去を求められた北朝鮮のカン大使は、出国期限ぎりぎりの三月六日午後五時にクアラルンプール国際空港に現れた。詰めかけた報道陣にもみくちゃにされながら、朝鮮語で「私は大使として自国の立場を表明した」「四〇年以上続く両国関係を害する極端な措置に深刻な懸念を表明する」と主張し、最後に「カムサムニダ」(ありがとう)と言って出国ゲートに向かった。同日午後六時二五分発のマレーシア航空MH360便に乗り込み、エコノミークラスで北京へ発った。マレーシアのナジブ首相は同日、「彼(カン大使)は謝罪すべきだった。いかなる者も、マレーシアを侮辱し、マレーシアで混乱を引き起こすことはできない」と記者団に語った。

事実上の「人質」一一人

マレーシア政府の締め付けに、北朝鮮はますます態度を硬化させた。北朝鮮外務省は三月七日、北朝鮮にいるマレーシア人一一人の出国を許さないとマレーシア側に通告した。一一人とは、平壌にいるマレーシア大使館員三人と家族六人、国連世界食糧計画（WFP）の職員二人のことで、この一一人を事実上の「人質」に取ると宣言したわけだ。朝鮮中央通信によると、出国禁止は「事件が公正に解決され、マレーシアに滞在している北朝鮮の外交官と国民の安全が完全に保証されるまで」とされた。つまり北朝鮮側は、一一人の「人質」を返してほしければ、早く遺体を渡して事件を片付け、容疑がかかっている北朝鮮大使館員らを無罪放免にせよと、マレーシア政府に迫ったのだった。

北朝鮮側の強硬策に、マレーシア側は慌てた。マレーシアのナジブ首相は同日付の声明で「我が国民を人質に取るような忌まわしい行為は、国際法や外交ルールを完全に無視したものだ」と非難し、報復措置として「マレーシアにいる北朝鮮人の出国を禁じる」と発表した。マレーシア警察は北朝鮮大使館前に規制テープを張り、道路を封鎖して大使館員の出入りを妨害した。

ところが、一夜明けた三月八日、それまで強気だったナジブ首相が突然、態度を軟化させた。ナジブ首相は国会で報道陣に対し、「北朝鮮側の要求を知りたい。マレーシアは北朝鮮と友好関係を持つ数少ない国の一つでもある」と語り、北朝鮮側に歩み寄る姿勢を示した。牽制材料としてちらつかせていた「国交断絶」や「北朝鮮大使館閉鎖」を封印し、「国交は交渉窓口を持つために必要だ」と方針を転換した。

ナジブ首相の方針転換の理由は、主に二つあった。一つは、ナジブ政権の支持率の問題だ。当時、ナジブ政権は汚職疑惑にまみれ、国民の信用を失いつつあった。スポーツの国際試合でマレーシア代表が活躍するなど、明るい話題が浮上したタイミングで解散総選挙に打って出なければ、政権存続は難しいという声が閣僚からも出ていた。

支持率回復の一手を探しあぐねる中、降ってわいたのが暗殺事件だった。ナジブ首相は支持を取り戻すためにも、北朝鮮に強い態度で臨んだのだが、北朝鮮を刺激するあまりマレーシア人一一人を「人質」に取られて形勢が逆転。国民の関心は、捜査の進展よりも「人質」の安否に移った。「人質」の身に何かあれば、政府に批判が集まるのは目に見えていた。むしろ早めに手を打って、電撃的な救出を演出する方が得策だった。ナジブ首相は、メディアに繰り返し「(一一人は)拘束されているわけではない。外出も日常生活も可能だと確認できた。安全面の心配はない」と語り、事態の収拾を急いだ。

方針転換のもう一つの理由は、捜査上のネックになっていた遺体の身元確認のめどが立ったことだった。警察は殺された「キム・チョル」が「キム・ジョンナム」であることを証明できないでいたのだが、事件から一カ月近くたった三月上旬、ある方法によって証明できる見通しとなった。

ある方法とは、DNA型の照合だった。遺体の身元を確認する場合、国際基準では、①指紋 ②歯型 ③DNA型、のいずれかの一致が望ましいとされてきた。このうち、①指紋について、マレーシア警察は、日本など外国政府から指紋情報の提供を受けて、照合に使っていた。日本の指紋情報は正男が二〇〇一年に偽造パスポートで不法入国しようとした際に採取したもので、信頼性は高かったが、提供は非公式で、証拠として使いづらかった。

また、②歯型については、記録が入手できていなかった。正男がマレーシア国内で歯を治療した形跡はなく、外国政府からの情報も乏しかった。残された③DNA型の照合も、身の危険から正男の近親者が名乗り出ず、DNA型のサンプルの採取ができていなかった。

マレーシア警察は、①②③の照合ができなかった場合の押さえとして、遺体の特殊な入れ墨や顔に広がるホクロでの照合も試みた。照合に関わる担当者の一人は「遺体の頭部には、少なくとも二一のホクロがある。耳にもホクロがあって、かなり珍しい身体的特徴と言える。二一カ所のホクロが合致すれば、七カ所の合致が求められる指紋よりも、むしろ有力な証拠になり得るのではないか」と期待していた。ただ、入れ墨やホクロが写った写真の画像は不鮮明で、出どころもはっきりしないため、採用は見送られた。

最終的にマレーシア警察は、連絡が付いた近親者のもとに捜査班を派遣して、DNA型のサンプルを採取した。捜査関係者によると、捜査班はマカオに住む息子キム・ハンソルの歯ブラシからサンプルを採取した。同時に別の捜査班が北京に飛び、前妻と暮らす別の息子からもサンプルを採取し、マレーシアに持ち帰った。「キム・ジョンナム」の息子たちのDNA型が、「キム・チョル」の遺体のDNA型とほぼ合致したことで、「キム・ジョンナム」と「キム・チョル」が同一人物であったことが裏付けられた。マレーシア警察は、歴史の検証に耐える形で身元確認を終わらせ、捜査機関としての面目を保った。

遺体も容疑者も北朝鮮へ

こうした状況の下、マレーシア政府は「人質」解放に向けて、公式協議を始めたいと北朝鮮交渉団に打診した。北朝鮮側は公式協議を受け入れ、歓迎の証しとして、さっそく三月九日、「人質」一一人のうちWFP職員二人の出国を許した。ナジブ首相は公式ツイッターで「神に感謝だ」とつぶやい

金正男の遺体に防腐処置を施すため，クアラルンプールの病院から遺体を運び出した病院関係者ら（2017年3月12日，関係者提供）

た。

残る「人質」は九人となった。九人の内訳は、マレーシア大使館員の男性（三七）と妻（三五）と娘三人、マレーシア大使館員の女性（二九）と夫（二九）と息子（八カ月）、マレーシア大使館員の女性（四五）だった。公式協議を始めるにあたって、マレーシア政府は三月一一日、「人質」九人の親族を外務省に集め、メディアの取材に応じないよう注意した。一部の親族が取材に応えて不安を語り始めていたからだ。

また、公式協議の間に北朝鮮側を刺激しないよう、マレーシア警察は捜査をストップし、記者の質問に応じなくなった。三月一二日夜には、安置所から遺体を一時運び出し、別の施設で防腐剤を注入した。捜査関係者によると、冷蔵庫で保管してきた遺体は「徐々に腐敗が進んでエンバーミング（防腐処置）の必要に迫られていた」という。防腐処置は将来的な遺体引き渡しを見据えた準備でもあった。

捜査がストップされたタイミングで、北朝鮮大使館は館内のパソコン機器の一部を粉砕し、廃棄した。三月一二日朝、大使館前のゴミ置き場には、基板が抜かれたノートパソコンが捨てられていた。それまで完全に締め切られていた大使館の窓から、明かりが漏れる夜もあった。二階の窓のカーテンがわずかに開き、数人の男性がこれ見よがしにビリヤードに興じていた。その中にはマレーシア警察が指名手配している容疑者もいた。大使館前に張り込むカメラマンに映像を撮らせることで、北朝鮮側が余裕を持って交渉に臨んでいることを印象付ける狙いがあったとみられる。

公式協議は三月一三日から始まった。マレーシア政府関係者によると、マレーシア側の交渉カードは少なく、協議は「人質」を握る北朝鮮側のペースで進んだ。三月二六日までの協議で、マレーシア側は北朝鮮側の要望をほぼ全てのまされた。マレーシア政府は、次に引用する共同声明（北朝鮮側の発表）から、過剰な譲歩と受け取られかねない部分（傍線部）を削ったものを報道機関に流した。

一．北朝鮮とマレーシアの交渉団は、二〇一七年二月一三日にクアラルンプールで発生した北朝鮮国民の死亡によって生じた問題の解決のために協議した。

二．両国は、一九七三年から続く二国間関係に基づいて、問題を解決していく互いの意思を確認した。

三．両国は、外交関係に関するウィーン条約とその条項の徹底した履行が持つ重要性について確認した。

四．北朝鮮は（遺体の引き渡しにあたって）提出すべき資料を作成済みであり、マレーシアは北朝鮮にいる家族に遺体を引き渡すことに同意した。

五．両国は、互いの国民に対する出国禁止措置を解除し、安全を保証することで合意した。平壌にいるマレーシア人九人がマレーシアに帰ることができるようになった。クアラルンプールに

正男の遺体が納められたとされる棺
（関係者提供）

いる北朝鮮人がマレーシアから出国できるようになった。

六．両国は、二国間関係の重要性を確認した。これに関連してビザなし渡航制度を再び導入することを前向きに話し合い、二国間関係をより高い次元へ発展させるために努力することで合意した。

ナジブ首相は三月三〇日、傍線部を伏せた内容の共同声明を発表し、「北朝鮮側に遺体を引き渡す」と表明した。同日午後一時、マレーシア警察は遺体を安置所から運び出した。遺体に二度目の防腐処置を施し、冷たくこわばった顔面の筋肉をほぐした。

搬送に関わった関係者によると、遺体の顔には化粧が施され、「ほほえんでいるような、穏やかな表情に矯正された」という。側頭部から頭頂部にかけては司法解剖で切開された傷痕があったが、黒い糸できつく縫い合わされ、正面から見る限り、縫い目は目立たなくなっていた。遺体は専用にしつらえた黒のコートで覆われ、えんじ色の棺に納められた。棺はマレーシア航空ＭＨ３６０便の貨物スペースに積み込まれ、同日午後七時二〇分すぎクアラルンプールを発った。

ＭＨ３６０便には、遺体だけでなく容疑者らも乗っていた。捜査幹部によると、乗っていたのは北朝鮮大使館に潜伏していた二等書記官ヒョン・クァンソン、工作員の逃走を助けた高麗航空職員キム・ウクイル、犯行車両を運転したチャン・チョルス、インドネシア人実行犯を勧誘したジェームズの四人だった。

実はマレーシア警察は、この四日前の三月二六日に北朝鮮大使館を訪ね、容疑者らへの事情聴取を済ませていた。事情聴取と言っても、警察はヒョン・クァンソンとキム・ウクイルの言い分を書き取った程度で、チャン・チョルスやジェームズからは話を聞かなかった。事情聴取は、捜査を進展させるためではなく、逮捕状を取り下げて捜査を終えるための、形ばかりの手続きだった。捜査班の一人は、「両国の公式協議が大詰めで、北朝鮮を刺激するわけにはいかなかった」と振り返った。捜査線上には、四人の他にも一九八六年生まれの北朝鮮人など複数の男が浮かんでいたが、その情報は日の目を見ぬまま、捜査ファイルにしまわれた。

出国禁止措置が解けたことで平壌からクアラルンプールに戻ったマレーシア大使館員(中央)ら(2017年3月31日，朝日新聞)

MH360便が遺体と容疑者を平壌に届けるのと引き換えに、平壌からは小型ジェット機が「人質」九人を乗せてクアラルンプールに帰還した。三月三一日午前五時ごろ、クアラルンプール国際空港に到着した九人は、待ち構えた親族らと報道陣の前で抱き合った。九人を代表して挨拶した大使館員の男性は、「マレーシア政府は、私たちの帰国をかなえるために全力を尽くしてくれました。北朝鮮との交渉にあたってくれた、全ての方々に感謝します。やっと普通の暮らしに戻れます」と語った。同席したアニファ外相は「マレーシア政府は九人の安全を確保するために、あらゆる手段を講じた。九人を取り戻すというナジブ首相の約束は、ここに果たされた」と政府の努力をアピールした。

マレーシア政府に裏切られた遺族

北朝鮮に渡った遺体は、どうなってしまったのか。共同声明では「北朝鮮にいる家族に遺体を引き渡す」とされていた。ここで言う「北朝鮮にいる家族」の筆頭は、他でもない弟の金正恩・朝鮮労働党委員長だろう。正男の葬儀が開かれたという情報は出ていない。

一方、正男の妻子は、遺体と対面できなかったとみられる。事件当時、マカオにいた息子キム・ハンソルは、マレーシア政府に「身の危険から遺体を引き取りに行けません」と説明する手紙を送っていた。ハンソルは手紙の中で「遺体は火葬してください。火葬の方法と遺灰の扱いは任せます」「いかなる理由があっても、遺体を叔父の金正恩氏や北朝鮮政府に渡さないでください」と訴えた。こうした願いをマレーシア政府が聞き入れることを前提に、ハンソルは自分のＤＮＡ型のサンプル採取に協力した。マレーシア政府も、手紙を受け取った時点では、遺体を北朝鮮に渡さない方針だった。

ところが、直後にマレーシア人が「人質」に取られたことで、マレーシア政府は方針を変えた。早期に「人質」を取り返すためには、遺体を引き渡すほかに手がなかった。交渉過程を知る政府関係者は「北朝鮮に遺体の組織片まで持っていかれた」と振り返る。

ハンソルの願いとは裏腹に、遺体は北朝鮮に引き渡された。朝日新聞が捜査幹部の話として手紙の内容を報じた後も、その手紙の存在は公にされていない。

北朝鮮は、事件を機に冷え込んだ東南アジア各国との関係修復に動いている。韓国メディアによると、北朝鮮は二〇一八年後半、ベトナム政府に対し、事件について非公式に「遺憾」の意を伝えたという。自国民を実行犯として使われたベトナム政府の怒りを静め、経済支援を呼び戻す狙いがあったとみられる。

また、北朝鮮はシンガポールで二〇一八年六月に米朝首脳会談を開き、同年八月の東南アジア諸国連合（ASEAN）地域フォーラム（ARF）では、インドネシア、ベトナム、タイ、ラオス、カンボジア、フィリピン、ミャンマーと相次いで外相会談を開いた。ベトナムと同じく、自国民が実行犯として利用されたインドネシアのルトノ外相は会談後、「北朝鮮の平和への歩みを後押しするために会った。そうしなければ、北朝鮮が国際社会で孤立してしまう」と記者団に語った。

断交寸前だったマレーシアとの確執も癒えつつある。マレーシアのナジブ政権は二〇一八年五月の総選挙で敗れ、訪朝歴のあるマハティール元首相が九二歳にして首相に返り咲いた。マハティール氏は首相だった一九九〇年代に食糧危機の北朝鮮を援助し、交易を活発化させた経緯があり、今回も就任直後から閉鎖している平壌のマレーシア大使館を「再開させたい」と表明した。二〇一九年九月には地元メディアのインタビューで、事件を引きずるよりも関係を正常化させる考えを強調した。「（北朝鮮が）マレーシアに（VXを）どう運び込んだかは知らないが、麻薬の流入に比べれば少量だ」「北朝鮮が戦争でも仕掛けてくるなら話は別だが、現時点で外圧にさらされている北朝鮮と、あえて対立する必要はないだろう」

東南アジアの人間を犯罪に巻き込み、化学兵器を使う騒ぎを起こしてもなお、北朝鮮はASEANに加盟する一〇カ国すべてと、国交を保っている。

第7章

黒幕不在の裁判

殺人罪で起訴されたフォン(中央)は，法廷で無実を訴えた(2019年3月14日，乗京真知撮影)

金正男の顔に毒を塗った実行犯として、殺人罪で起訴されたベトナム人のドアン・ティ・フォンとインドネシア人のシティ・アイシャは、一貫して「殺すつもりはなかった」と無実を訴えてきた。裁判では、二人が事件に巻き込まれた経緯が明らかになったが、一方で、北朝鮮の工作員しか知り得ない謎も残された。二人は工作員の罪も背負う形で、死刑を言い渡されるのか。二年に渡って繰り広げられた法廷の攻防を追った。

殺到する報道陣

事件から半月後の二〇一七年三月一日。クアラルンプール近郊の裁判所でフォンとシティの起訴手続きがあった。報道陣は傍聴券を求めて、日の出前から裁判所前に並んだ。

午前七時すぎ、警察の担当者が傍聴の手順を説明し始めた。「傍聴席は限られているので、報道陣が使えるのは最大三〇席です」「うち一五席を地元メディアに、残り一五席を海外メディアに割り当てます」「海外メディアについては、それぞれの国のメディアで、一番先に並んでいる社を優先します」。未明から並んでいた日本のテレビ局などが順に傍聴券を得た。

法廷の外には二〇〇人以上の記者があふれた。護送されてくるフォンやシティの車列を撮影するため、報道カメラや脚立が幾重にも並んだ。撮影の立ち位置をめぐってカメラマン同士がもみ合いになり、周りの仲間が力ずくで抑える一幕もあった。

午前九時すぎ、けたたましいサイレンを鳴らしながら、フォンを乗せた警察車両が裁判所の構内に入ってきた。車を追いかける報道陣や、それを制止する警官らで現場は一時騒然となり、転倒してカメラを壊す記者もいた。

フォンは黄色いシャツに青いジーンズ姿で、覆面の警官に囲まれて裁判所の通用口に入っていった。約一〇分後、赤いシャツを着たシティも、別の通用口から裁判所に入った。いずれも狙撃に備えて、防弾チョッキを着せられていた。

開廷後すぐに、検察官が起訴状の朗読を始めた。起訴状は一〇行程度の短い内容だった。「マレーシアの検察官によって起訴される被告の罪は次の通り。被告は二〇一七年二月一三日、クアラルンプール国際空港第二ターミナルの出発ホールで、逃亡中の四人と共通の意図を持って、キム・チョルを殺害し、それによって刑法三〇二条かつ三四条によって罰すべき罪を犯したもの。有罪の場合、死刑を科される。二〇一七年三月一日」

ここで検察が、被害者名を「キム・ジョンナム」とせず、正男のパスポートの名義「キム・チョル」を使ったのは、まだ起訴段階では正男の身元確認が終わっていなかったためだ。「逃亡中の四人」は、フォンとシティを操った北朝鮮の男たちのこと。三〇二条は「殺人」を犯した者には「死刑」が科されると定める条文で、三四条には、「共通の意図」を達成するために複数人が犯行に及んだ場合には、単独で犯行に及んだのと同じだけの責任を各人が負う、との共犯の規定が記されている。

この起訴内容を、シティとフォンは通訳を介して聞いた。シティはうなずきながら耳を傾けたが、髪は乱れ、目を赤くしていた。一方、フォンは落ち着いた表情で「はい。内容は理解できました。で

初公判を終えて裁判所を出るシティ．防弾チョッキを着ていた(2017年10月2日，乗京真知撮影)

も私は無実です」と英語で答えた。裁判所は事件の重大性に鑑みて、重罪を裁く高等裁判所に審理を移すことにした。

「私は利用された」

初公判は事件から約八カ月後の二〇一七年一〇月二日、クアラルンプール近郊のシャーアラム高等裁判所で開かれた。高等裁判所の玄関には、この日も大勢の報道陣が詰めかけ、黄色い規制テープ越しにカメラを構え、護送されてくるフォンとシティを待った。武装した警察の車列がサイレンを鳴らしながら裁判所に入ってくると、フラッシュが一斉にたかれた。女性警官に両脇を固められたフォンは、白い長袖シャツに細身のジーパンを着ていた。茶髪の下に黒い地毛がのぞき、目に前髪がかかっていた。手錠をかけられたシティは、黒い民族衣装をまとい、うつむきながら裁判所に入った。

高い天井の法廷は、テニスコートほどの広さがあった。マレーシア国旗が飾られた裁判官席が正面にあり、それと向き合う形で最前列に検察官の長机、次に弁護団の長机、続いて被告人席、最後尾に三〇人ほどが座れる傍聴席があった。このうち被告人席だけが、腰の高さほどの木製の柵に囲われていた。傍聴席は国内外の記者や、ベトナム・インドネシア両国の大使館員などで満席だった。法廷に入りきらない記者たちは、別室のモニターで審理を見守った。

入廷したフォンとシティは、被告人席にそれぞれ腰を下ろした。隣には通訳が一人ずつ付いた。裁判官が現れると、法廷は静まりかえった。静寂を破って、検察官が被告の罪状を読み上げた。フォンとシティは北朝鮮の男たちと「共通の意図」を持って正男を殺したのであるから、それは殺人罪に相当し、罪は死刑をもって償われるべきだ、と主張した。

その内容を聞きながら、フォンとシティは何度も首を振った。フォンは逮捕後の取り調べで「いつものいたずら撮影と同じだと思っていた」「彼(カメラマン役の北朝鮮の男「ミスターY」)はうそつきだ。私は利用された」と訴えていた。シティも拘置所で弁護士らに「いたずら相手が正男だったということも、正男が死んだということも、逮捕されて初めて知ったことだ」と説明していた。しかし、その訴えは聞き入れてもらえなかった。

初公判以降、検察は約九カ月間かけて、フォンとシティを有罪に持ち込むための立証手続きを進めた。捜査員や医師ら三四人の証言をもとに、正男の顔に毒が塗りつけられた状況を検証した。事件現場の監視カメラ映像を法廷で流しながら、「毒の浸透が早い目を狙った」のは殺意があったからで、「犯行後に(毒を洗い流すために)トイレで手を洗った」のはVXの毒性を知っていたからに違いない、と主張した。

ただ、検察は二人に殺意があったと断言できる物証を、最後まで示せなかった。監視カメラの映像を根拠に「急いで逃げた」「手を洗った」と指摘するだけでは、状況証拠としても説得力が弱かった。二人のSNSの記録も調べたが、殺害計画を知っていたと裏付けるものは見つからず、逆にそれらの記録は、「いたずら番組の撮影だと思い込んでいた」という二人の供述を補強する形となった。

殺意を構成要件とする殺人罪を、殺意の立証が不十分なまま維持できるのか。法廷に向かう主任検察官を呼び止めて尋ねると、「本当に殺意があったかどうかは、被告の内心の問題だ。最終的には被告に聞いてみないと分からない。我々は状況証拠から殺意を推認するしかない」と答えた。その状況証拠が弱いのではないかと指摘する記者を、なだめるように検察官は続けた。「いつも完璧な捜査ができるとは限らない。きれいに証拠がそろっているなら、立証に苦労したりしないよ」

二〇一八年六月二八日、検察は立証手続きの締めくくりとして、裁判所に一一九ページに上る総括文書を提出した。検察は総括文書の中で、一連の立証手続きをおさらいし、「北朝鮮の男たちは、失敗のリスクを最小限に減らし、成功の確率を最大限に高めるために、鍛え抜いた実行犯を使った」と主張した。また、事件の難解さを「ジェームズ・ボンドの映画」を見ているようだったと表現したり、「どの検察官も、完璧な捜査員による完璧な捜査がなされることを望んでいる。ただ、現実には、完璧な捜査員など存在しない」と初動捜査への不満を語ったりして、立証に苦しんだ様子をにじませた。そして最後は、裁判官に「重要なのは（ないものを求めるよりも）いまある証拠に重きを置くことです」と訴えた。

死刑の可能性

マレーシアの刑事裁判では、検察の立証手続きが終わった段階で、被告を無罪として釈放するか、有罪が濃厚だとして裁判を継続し、弁護側の反証手続きに入るかを、裁判官が中締め的に判断する決まりがある。ここで釈放されなければ、よほどの反証材料がない限り有罪となる可能性が高まるため、被告にとっては「中間判決」ともいうべき大きな節目となる。

フォンとシティの裁判でも二〇一八年八月一六日、「中間判決」の言い渡しがあった。裁判官は八七枚に及ぶ「中間判決」を、英語とマレー語で約二時間半かけて朗読した。その中で裁判官は、殺人罪の成立に欠かせない「立証要件」を四つ挙げ、それぞれについて検察の証拠が十分かどうかの判断を示した。

立証要件一は、「死亡したのはキム・チョル(正男)で間違いないか」だった。裁判官は、初動捜査にあたった警察官が遺体のパスポートを確認したことや、司法解剖によって遺体の状況が報告されたことなどから、「立証要件一が満たされていることに疑問を差し挟む余地はない」と述べた。

立証要件二は、「(正男の)死はフォンとシティの行為によってもたらされたと言えるか」だった。検察は空港の監視カメラ映像を根拠に、フォンとシティが正男を襲ったのは明らかだと主張していた。確かに、監視カメラ映像にはフォンが背後から飛びつくようにして正男の顔を触った後、足早に現場から去り、階下のトイレに入っていく様子が映っていた。フォン自身も警察の調べに対し、「顔を触った」と認めていたほか、フォンの長袖シャツや爪の切れ端からVXやVX関連物質が検出されていたため、フォンの行為が死をもたらした蓋然性は高かった。フォンの弁護士も、この点を争ってはいなかった。

一方、シティについては疑問があった。監視カメラ映像には、シティと背格好がよく似た人物が映っていたのだが、画質が悪いためシティかどうかがはっきりしなかった。正男に手を伸ばす様子も見て取れるが、顔に触ったかは判別できなかった。また、シティの逃走経路はカメラの死角になってい て、映像が一部しか残っていなかった。トイレに向かう映像はあったが、トイレに入る映像は撮れていなかった。こうした事情から、シティの弁護士は「シティが空港にいたことは間違いないが、シティが毒を塗ったかどうかは分からない」「トイレの近くを歩いていたからといって、（手を洗うためにトイレに入ったとは言い切れない」などと証拠不足を指摘した。

シティの弁護士は、証拠が足りないことに加えて、証拠が信用できないという主張も展開した。「シティのノースリーブからＶＸ関連物質が検出された」とする検察の主張に対して、二つの疑問を投げかけた。一つ目の疑問は、ノースリーブがシティのものだと断言できるのか、というものだった。ノースリーブはシティの部屋から押収された服だったが、それはシティの服ではなく、部屋に同居していた女友達二人の服であった可能性が残っていた。検察がシティの服だと主張するのであれば、ノースリーブに残った汗などからＤＮＡ型を調べたり、女友達二人から事情を聞いたりするべきなのに、検察はそれを怠っていると指摘した。

二つ目の疑問は、ノースリーブから検出されたＶＸ関連物質は「シティ由来」のものと言い切れるのか、というものだった。本来であればノースリーブは、捜査員が新しい袋などに密封して管理すべきところ、実際には家宅捜索時に部屋に放ってあった袋に入れて管理されていたことが、捜査員の証言で明らかになった。しかも、その袋はシティが事件前に、北朝鮮の男からもらった袋だったので、もともと袋に付いていたＶＸ関連物質がノースリーブに付着した、「袋由来」の可能性を否定できなかった。ノースリーブからＶＸ関連物質が検出されたことだけをもって「シティ由来」と言い切ることはできない、つまり、シティがＶＸを扱ったかどうかははっきりしないと弁護士は反論した。

　こうした指摘を踏まえて、裁判官は検察の証拠を吟味した。裁判官は監視カメラ映像について「犯行場面を捉えた映像は極めて不鮮明」であるとし、それを補うためには目撃証言が欲しいところだが、「犯行に及ぶ様子を見たという目撃証言が証拠として一つも提出されていない」と検察に苦言を呈した。監視カメラ映像があることに甘んじて目撃者探しを怠ったのではないかという、捜査機関への忠告だった。

　一方で裁判官は、フォンとシティが事件前後に「そっくりな行動」を取っていた点を重要視した。例えば、襲撃時にフォンとシティは互いに示し合わせたように「絶妙なタイミングで被害者に接近」し、立て続けに「被害者の目を狙った連続攻撃」を加えていた。また、トイレに入る前には両手を前に出して小走りで歩いていたのに、トイレから出た後は両手を下げてゆったり歩いていた様子も類似していた。二人の行動は「偶然の一致とは思えない」ものであり、「よく練られた犯行」と推認できることから、「二人が北朝鮮の男たちと殺害を組織的に計画していたとしか思えない」「二人が被害者を死に至らしめた犯人であることは明らかだ」と言い切った。シティの弁護士が指摘した捜査の不備は、裁判官の判断に影響を与えなかった。これで立証要件二も満たされていることが確認された。

　立証要件三は、「フォンとシティに殺意があったのか」だった。裁判官は、ここでも二人が「急にトイレに駆け込んだ」ことに着目し、トイレに行ったのは「手に付いたＶＸを洗い流すためだったとしか考えられない」として、二人は「液体の毒性」を認識していたと判断。「（ＶＸの）浸透が非常に早い目を集中的に攻撃」していたことからも「殺意が推認できる」と述べた。

VXだと知っていたら素手で扱うわけがないという弁護士の指摘には、こう答えた。「論理的に考えれば、その通りである。しかしながら（他の部位に比べてVXが浸透しにくいという）手のひらへの影響の程度や、VXを（洗い流せば）無害化できるということを、二人が知っていた可能性もある」「こうした知識を二人が北朝鮮の男たちから事前に得ていたとしてもおかしくはない」

最後の立証要件四は、「フォンとシティが北朝鮮の男たちと共通の意図を持っていたか」だった。弁護側は、そもそもフォンとシティには面識がなかったし、北朝鮮の男たちについても、フォンは「ミスターY」と「ハナモリ」しか知らず、シティは「ジェームズ」と「チャン」にしか会ったことがなかったので、共通の意図は持ち得ないと主張した。

これについて裁判官は「（フォンとシティが北朝鮮の男たちと一緒に）空港にいたという事実だけをもって、共通の意図を有していたと判断することはできない」ものの、フォンとシティが事件前に北朝鮮の男たちと行動をともにしたり、犯行後に二人が似たような動作を見せたりした連携ぶりを状況証拠と捉えることで、「殺害という共通の意図を有していた」と認めた。

裁判官は立証要件の他にも、いくつかの争点について判断を示した。「いたずら番組」の撮影だと思っていたとするフォンとシティの主張に対しては、東南アジアで実際に放送されている番組と照らし合わせた結果として、「（通常の）番組の最後には、隠しカメラの場所が明かされて、みんなが笑い出し、撮影クルーも笑顔になって番組が終わるものだが、今回の事件の映像は性質がかけ離れている」と述べ、いたずら番組だと思っていたというのは「自分に都合のいい言い訳だ」と退けた。

また、検察が解明できなかった殺害の動機については、「公正な立場から証拠に基づいて言えば、政治的な目的による暗殺だった可能性を排除できない」と踏み込んだ。

総じて「中間判決」は、検察の主張をなぞるような内容だった。検察が立証に苦しんだ部分も、結果的に裁判官が推論で補うような論理の組み立てだった。この「中間判決」を被告人席で聞いていたフォンは、不安げな表情で弁護士の方を見つめていた。隣のシティは深くうなだれ、涙を両手で拭った。柵越しに弁護士がティッシュを差し出し、背中をさすった。死刑判決が現実味を帯びてきた。

突然の起訴取り下げ

「中間判決」から約七カ月が過ぎた二〇一九年三月一一日、高等裁判所でフォンの被告人質問が予定されていた。フォンが自らの言葉で裁判官に訴えを届ける、初めての機会だった。死刑を回避するために残された、数少ない反証手続きの一つでもあった。

午前九時〇〇分。開廷時間を迎えたが、フォンの被告人質問は始まらなかった。なぜか拘置所にいるシティが、法廷に呼ばれた。シティの弁護団の一人が、傍聴席の記者たちにささやいた。「何か大変なことが起きそうだ……」。弁護士や検察官が別室に呼ばれ、裁判官と協議を始めた。

午前一〇時〇二分。別室にいた弁護士や検察官が法廷に戻ってきた。続いて裁判官も法廷に入った。開廷を知らせるブザーが鳴った。

午前一〇時〇三分。検察官が文書を読み始めた。「シティ被告の殺人罪の起訴を取り下げる」。法廷は静まりかえった。ほとんどの傍聴者が事態をのみ込めていなかった。「起訴の取り下げ」は、無罪ではないものの、拘束を解かれて即時釈放されることを意味していた。

午前一〇時一七分。弁護士が検察官の提案を受け入れる声明を読み上げた。シティのほほに涙が伝った。シティは被告人席から立ち上がり、隣に座るフォンと数秒間抱き合った。続いて弁護士と抱擁し、「まさか解放されるなんて」と声を震わせた。裁判所の玄関でインドネシア大使館が用意した公用車に乗り込み、手錠が外れた左手で報道陣に小さく手を振った。

主任弁護士のグイ氏は、黒い法服を着たまま、裁判所の玄関でシティを見送った。同僚弁護士の手を握り、かみ締めるように言った。「釈放されたんだ! ついに釈放されたんだ!」

釈放から約三時間後、インドネシア大使館の一階ロビーで緊急の記者会見が開かれた。二年あまり続いた勾留生活で少しふくよかになったシティは、被告人席にいたときと同じ黒い民族衣装で、報道陣の前に座った。

同席したインドネシア法務人権相やインドネシア大使が、釈放の経緯を一通り説明した後、シティにマイクが渡された。シティは涙をこらえながら「とても嬉しいです。今日、自由になれるなんて、想像していませんでした。インドネシア政府やグイ弁護士らに感謝します」と声を絞った。続いて質疑にも答えた。

報道陣：いま何がしたいですか?
シティ：家族に会いたいです。
報道陣：亡き正男に伝えたいことは?
法務人権相：その質問には答えられない。申し訳ないが。

シティ：……
報道陣：拘置所での生活は？
シティ：健康です。よくしてもらえました。苦痛はありませんでした。
報道陣：帰国はいつごろ？
法務人権相：できれば今日中に。

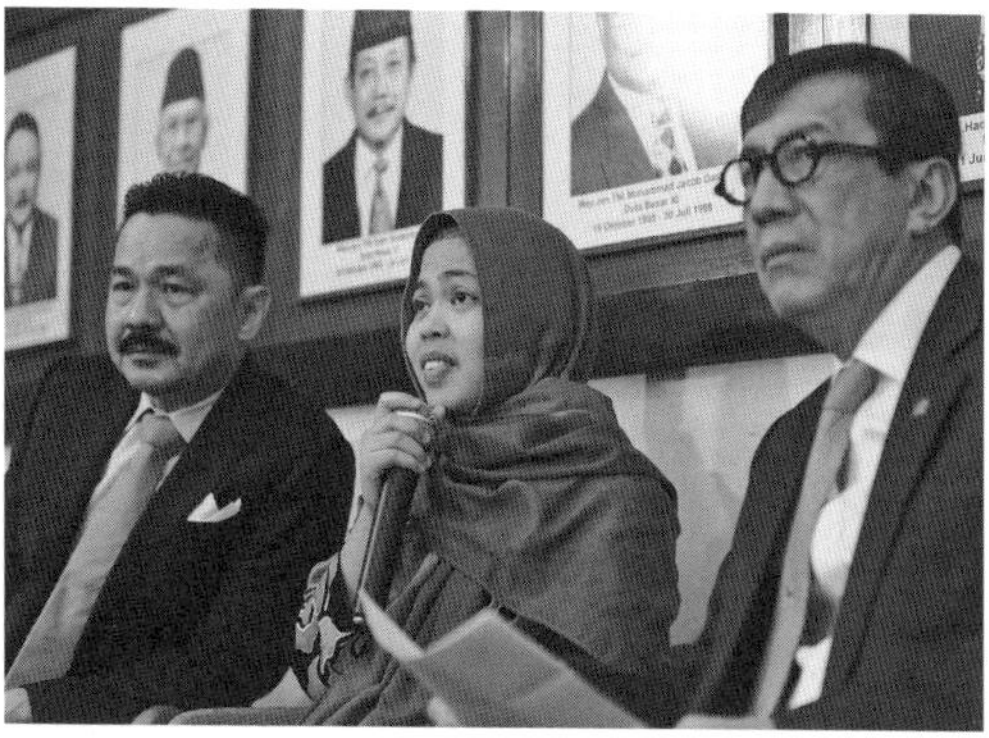

釈放後に会見したシティ．インドネシア法務人権相(右)とインドネシア大使(左)も同席した(2019年3月11日，乗京真知撮影)

シティの精神的負担を考慮して、質疑は二分で打ち切られた。シティはこの日、インドネシア大使館が手配した飛行機で帰国した。

消えない罪の重圧

シティが釈放された背景には、インドネシア政府の強い働きかけがあったとみる向きが強い。インドネシア法務人権相は二〇一九年二月末、マレーシア司法長官に「被告の罪状を見直し、インドネシアに帰してほしい」との要望を伝えていた。これに対してマレーシア司法長官は三月八日、「両国の良好な関係に鑑みて」釈放すると回答していた。

インドネシアのジョコ大統領は，帰国直後のシティを大統領府に招き，その様子を公式ツイッターで発信した（2019 年 3 月 12 日，ツイッターから）

しかし、なぜインドネシア政府は、逮捕から七〇〇日以上たって急に、働きかけを強めたのだろうか。考えられる理由の一つは、直後の二〇一九年四月に予定されていたインドネシア大統領選への影響だ。再選を狙う現職のジョコ大統領は、シティの出身地バンテン州の選挙情勢でライバル候補に負けていた。バンテン州の票を掘り起こすため、ジョコ陣営がシティの話題性に目を付けたのではないかというのが地元記者の見方だった。

その見方を裏付けるように、ジョコ大統領は帰国直後のシティを大統領府に招き、釈放を祝った。ジョコ大統領を恭しく見つめるシティの写真をメディアに流し、公式ツイッターに「お帰りなさい、シティ」と投稿。大統領肝いりの取り組みであったことをアピールし、一万件の「いいね」を集めた。

シティにとって幸運だったのは、インドネシアだけでなく、マレーシアにとっても釈放を進めやすい状況が生まれていたことだ。マレーシアのマハティール政権は、事件を機に前政権下で悪化した北朝鮮との関係修復を模索したり、死刑制度の廃止を検討したりしていた。裁判を長引かせるメリットは、ほとんどなくなっていた。

また、マレーシアの刑事訴訟法二五四条では、裁判のどの段階であっても、判決が言い渡される前であれば、検察官は起訴を取り下げることができると定められている。起訴取り下げによって、それまでの裁判所の認定が無効になるわけではなく、シティが殺害の実行行為を担ったという認定は生き続けるので、司法のメンツが潰れる恐れもなかった。かくしてマレーシアは、扱いが難しいシティの身柄を、友好国インドネシアに花を持たせる形で、体よく送り返すことに成功した。

釈放から四カ月たった二〇一九年七月、バンテン州の実家にシティの姿はなかった。玄関先には一〇袋ほどの白米や箱詰めの飲料水が積まれていた。シティの釈放を聞きつけた村人たちが届けてくれたのだと、シティの父アスリアさんは説明した。苦しい家計の支えにはなるが、哀れみの目を向けられるのも、またつらそうだった。

家事を終えた母ベナさんも、玄関先に顔を出した。「娘が無事で、やっと心が休まった」と語ったが、表情は暗かった。周りには釈放を祝ってくれる人もいれば、自業自得だと言う人もいる。ベナさんは、ござの上に腰を下ろし、幼いころのシティの様子を話し始めようとして、すぐに黙り込んでしまった。「こうして話すと、事件のことを思い出してしまう。全てを忘れてしまいたいのに」

シティは当面、両親と離れた場所で暮らすという。北朝鮮当局から命を狙われないように、政府が用意した家で保護されている。心の治療も受けているが、人間不信が拭えない。なにより正男が亡くなった事実は忘れようもない。「いたずら」だった——では済まされない罪の重圧が、帰国後もなお、シティを苦しめている。

事実上の釈放

インドネシア政府の要請でシティが釈放されたことを受けて、ベトナム政府もマレーシア政府に「同じように便宜を」と働きかけを強めた。シティの釈放から三週間後の二〇一九年四月一日、フォンが裁判所に呼ばれた。表向きは被告人質問のためとされていた。

朝八時過ぎ、裁判所に護送されてきたフォンに、緊張した様子はなかった。普段は顔を伏せて法廷に入るのだが、この日は眉をきれいに整えて化粧をしていた。法廷にはベトナムから父タインさんも駆けつけていて、何らかの異変を予感させた。

開廷後、検察が文書を読み上げた。フォンの罪名を、罰則の軽い罪に変えたいと提案した。軽い罪というのは、マレーシア刑法の三二四条。「危険な方法で傷害を負わせた罪」(最大禁錮一〇年)だった。

ここで注目されるのは、検察がフォンの起訴を取り下げず、あくまで刑罰を科そうとした点だ。起訴を取り下げて釈放したシティの処遇とは差があった。検察はその理由を明かしていないが、フォンはシティよりも強い証拠が見つかっていて、放免しにくい事情があったのは確かだ。検察はフォンの行為を「空港という公共の場で行われた重大な犯罪」だと非難し、裁判所に処罰を求めた。

フォンは、直ちに検察の提案を受け入れた。「毒だと知らなかった」「危害を加えるつもりはなかった」という従来の主張は捨て、「危険な方法で傷害を負わせた罪」を全面的に認めた。それが死刑から逃れる、数少ない道だった。

フォンの弁護士は、裁判官に訴えた。「フォンは貧しい家に育った末っ子です。うぶで、用心深さを欠いていました。そこに北朝鮮の男たちがつけ込み、架空の撮影話を持ちかけて、彼女を操ったのです。どうか、情けを」

裁判官はフォンに向かって、語り始めた。「あなたは本当に幸運と言うほかない。有罪なら死刑となる殺人罪から、軽い罪に変えてもらったのだから」。続けて、酌むべき事情も説いた。「あなたに前科がないことや、まだ若いことに加えて、あなたが罪を認めたことで、裁判に関わる人たちがこれ以上時間を費やさなくてよくなったことも考慮に入れて、禁錮三年四カ月とします」

三年四カ月という刑期は、実は「遠からず釈放される」ことを意味していた。マレーシアでは通常、態度がいい受刑者の刑期は三分の二に減免される。さらに逮捕後の勾留期間も差し引かれるので、フォンの刑期は残り一カ月。「事実上の釈放」とも言える判決により、フォンは近く刑期を終えて帰国する見通しとなった。

「事実上の釈放」が決まり笑顔で裁判所を出たフォン
(2019年4月1日，乗京真知撮影)

ところで、なぜ検察は殺人罪に代わる罪として、「危険な方法で傷害を負わせた罪」を選んだのだろうか。検察は刑を軽くするにあたって、「殺意」があったはずだという主張を封印し、正男が「死亡」したという結果の重大性も削ぎ落とした。ただ、傷害を負わせたというだけの傷害罪(最大禁錮一年)まで刑を落とすと軽すぎるので、VXという「危険な方法」を使った悪質性を加味する「危険な方法で傷害を負わせた罪」を選ぶことで、判例に照らして無理のない三年四カ月という刑期を、お膳立てしたと考えられる。

マレーシア司法は、同じ罪でも証拠が異なれば裁きも変わるという建前を守りながら、結果的に二人をほぼ同時期に帰国させることでインドネシアとベトナム両国の顔を立てる落としどころを、事件から二年の月日を経て、ようやく探り当てたのである。

閉廷後、フォンは弁護士と肩を寄せ、記念撮影した。集まった記者に「やりたいことは?」と問われると、しまい込んできた思いを口にした。「私は歌いたい。女優になりたい」。残り一カ月の刑期をつとめ上げるため、いったんは裁判所から拘置所に戻らなければならなかったが、裁判所を出るフォンは空を見上げ、目を見開いていた。護送車に乗り込む直前に立ち止まり、二〇台以上並ぶ報道カメラに向かって叫んだ。「本当にありがとうございました! 私はハッピーです。よい一日を!」

あきらめきれぬ夢

約一カ月後の二〇一九年五月三日朝、有刺鉄線で囲われたクアラルンプール郊外の刑務所の門には、二〇人ほどの記者やカメラマンが集まった。刑期を終えたフォンが、釈放後に刑務所の門で何か発言する可能性があったからだ。ただ、フォンは釈放後すぐにワゴン車に乗せられて、出入国管理局に向かった。長期勾留でビザが切れていることなどから、出国の手続きをする必要があった。午前七時一六分、フォンを乗せたワゴン車は、エンジンを吹かしながら高速で刑務所を出た。窓ガラスにはスモークが貼られ、フォンの姿は確認できなかった。出所したばかりのフォンが何者かに狙撃されるリスクを減らすため、厳重な警備態勢が敷かれていた。フォンをさらし者にしたくないベトナム政府への配慮も働いていたとみられる。

フォンの弁護士は報道陣に、フォンがしたためたメモ書きを公開した。キリスト教徒であるフォンは神への感謝の言葉を織り交ぜながら、黒のボールペンで次のようなメッセージを書き込んでいた。

「マレーシア政府、司法長官、大使館、弁護士、ベトナム政府、親切にしてくれた女性刑務所、メディアの皆さん、本当にありがとうございました。教会で私のために祈りを捧げてくれた全ての方々に深く感謝します。愛を注いでくれた神に、救世主に、感謝します。私はとてもハッピーです。そして皆さま、本当にありがとうございます。皆さんを愛しています♡ ドアン・ティ・フォン」

フォンは出国の手続きを済ませた後、車に乗せられてクアラルンプール国際空港に移動した。出入国管理局はフォンを出発ホールに連れて行くと記者団に語り、警察は出発ホールに武装警官を多数配置した。記者団やベトナム大使館員、通訳などは出発ホールでフォンの到着を待った。ところが、フォンは出発ホールに現れなかった。代わりにＶＩＰ用の通用口を通って空港内に入った。武装警官の配置は当局の芝居で、離陸の瞬間までフォンを守る警護が徹底されていた。

午後七時、青緑色のベトナム航空の機体の脇に、フォンを乗せた警護車両が停車した。後部座席から降りてきたフォンは、まだ防弾チョッキを着ていた。警護要員に前後を挟まれる形でタラップを駆け上った。持ち物はキャリーバッグだけだった。

機内に入ったフォンは、エコノミークラスの最後尾に座った。警護を解かれ、防弾チョッキを脱ぐと、笑みをこぼした。サングラスをかけ、ふわふわした素材の白い上着を羽織った。相乗りした記者や弁護士からカメラを向けられると、立ち上がって「私をサポートしてくれたメディアの皆さん、ありがとうございます。愛しています。イエイ」と語り、右ほほに手を当てて、はにかんだ。

約三時間後、フォンは二年三カ月ぶりに、ベトナムの首都ハノイの空港に降り立った。機内で入念におめかしをしたらしい。口紅を厚く塗り、長い髪を胸元まで垂らして報道陣の前に現れた。スキニージーンズにハイヒールを合わせ、体をはすに構えてフラッシュを浴びた。芸能人さながらのポーズで、サングラスをかけたまま、記者の質問に答えた。

報道陣：マレーシアで過ごした二年間はどうでしたか？

フォン：とにかく実家が恋しかったです。それ以外は何も覚えていません。

報道陣：金正男が死亡したことについては？

フォン：その質問には答えられません。

報道陣：あなたは、この事件が北朝鮮の……

フォン：ごめんなさい。その質問には答えられません。その種の質問は受け付けません。

報道陣：なぜですか？

フォン：話したくないからです。ごめんなさい。私は帰国できたことを、とても幸せに思っています。私の到着を待っていてくれた皆さんに感謝します。地元省政府や警察にも感謝します。

私を実家まで送り届けてくれるそうです。

報道陣：事件についてはどう思いますか？　金正男の死亡について。

フォン：答えられません。ノーコメントです。ごめんなさい。

報道陣：将来、外国籍の友達を持つことに不安はありませんか？
フォン：その種の質問には答えたくありません。
報道陣：これから何をしますか？
フォン：まず体を休めて、教会に行きます。そのうち働きたくなるかもしれません。

フォンは、事件に関する質問を頑なに拒んだ。代わりに「私の到着を待っていてくれた皆さん」への感謝の言葉を繰り返し、カメラに笑顔を振りまいた。自身の帰国を少しでも晴れやかに見せることで、その後の芸能活動に弾みを付けたかったのだろう。長期勾留で奪われた二〇代最後の二年を取り返し、今度こそ有名になるチャンスをつかみたいと気負っていたのかもしれない。

ハノイの空港に到着した後，報道陣の撮影に応じたフォン（中央）や父タインさん（右から2人目），担当弁護士ら（2019年5月3日，弁護士提供）

しかし、現実は甘くなかった。事件を踏み台にするような振る舞いは、国民の間で不評を買った。インターネット上には帰国を祝う声よりも、反省の色がないとあきれるコメントがあふれた。

女優にならないか――。そうミスターＹがささやいた日から、フォンの悪夢は続いている。

フォンの歩み
供述調書などから
家族提供
1988年
ベトナム北部
ナムディン省で生まれる
2010年
ハノイの大学で学びながら一人暮らし
2014年
ハノイのナイトクラブで働く
事件当日の
自撮り写真
関係者提供
2016年 4月
ユーチューブの番組に出演
6月
アイドル発掘番組に出演
12月
ハノイのバーで北朝鮮の
男に「いたずら番組」に
出ないかと誘われる
2017年 1月
ハノイなどで「いたずら」の撮影
現地メディア
DocBao
ウェブサイトから
2月4日
北朝鮮の男と
マレーシア入り
事件直前、空港の
出発ホールを並
んで歩くフォン被
告（右）と北朝鮮
の男「ミスターY」
関係者提供
11日
事件当日と同じ場所で
「いたずら」の撮影
13日
正男氏の顔に液体を塗る
「いたずら」、正男氏は死亡
15日
実行役として
殺人容疑で逮捕される
10月
裁判が始まり、
無実を訴える
フォン被告が正男氏に
「いたずら」した瞬間
関係者提供
2019年 3月
もう1人の実行役の
インドネシア人被告が
釈放されるが
フォン被告は裁判継続
涙を浮かべなが
らクアラルン
プール近郊の裁
判所から出る
フォン被告

提供・朝日新聞社

シティの歩み
供述調書などから
1992年
インドネシアの
首都ジャカルタ西郊の町
セランで生まれる
21歳になった
ころのシティ
フェイスブックから
2008年ごろ
結婚、長男が生まれる
2012年ごろ
離婚してバタム島へ。
洋服店で働く
クアラルンプール
のマッサージ店で
働いていたシティ
のプロフィル写真
2015年から
クアラルンプールで
マッサージ店員として働く
2017年 1月初旬
北朝鮮の男ジェームズから、
いたずら番組に
出ないかと誘われる
1月中
クアラルンプール市内や
プノンペンの空港で
何度もいたずら撮影
事件直前、北朝鮮工
作員とされる男と喫
茶店にいたシティ。
防犯カメラ映像から
関係者提供
シティがフェイ
スブックに投稿
した動画には、
ジェームズの姿
が映っていた
2月13日
正男氏の
殺害事件が発生
16日
実行犯として
殺人容疑で逮捕
10月2日
初公判で無実を主張。
検察は殺意が
あったはずだと主張
武装警官に囲まれ、
防弾チョッキを着て
裁判所を出るシティ
2017年10月2日、クアラ
ルンプール郊外
2019年 3月11日
起訴が取り下げに。
釈放されて
インドネシアに帰国
釈放後にインド
ネシア大使館で
会見したシティ
2019年3月11日、
クアラルンプール
提供・朝日新聞社

第8章

残された謎

事件の4日前，マレーシアのランカウイ島のホテルに滞在した正男（左）は，米情報機関員とされる男（右）と接触した（2017年2月9日，関係者提供）

なぜ金正男は殺されたのか。北朝鮮の権力を継いだ弟の金正恩が、自らの地位を脅かしかねない兄の殺害を命じたというのが大方の見方だが、果たして理由は、それだけだったのだろうか。二〇一七年二月というタイミングで、工作員がクアラルンプールまで遠征し、あえて人目に付きやすい空港を殺害現場に選んだ事情を、足かけ二年半の取材結果をもとに検証する。

なぜマレーシアだったのか

「実に巧妙な暗殺計画だった」。インドネシア人実行犯シティの弁護を担当したグイ弁護士は、殺害現場に空港が選ばれた理由について、次のような説を唱えている。「正男は（顔に塗られた液体が）毒だと知らぬまま、飛行機に乗り込んでいた可能性がある。その場合、正男は離陸後に機内で息絶えていたことだろう。心不全として片づけられ、誰も毒殺だと気づかなかったのではないか」。毒の回りが遅ければ、完全犯罪になっていたという見立てだ。英大衆紙『メール・オン・サンデー』のインタビューの中で、持論として紹介した。

刺激的な説だが、いくつかの疑問が浮かぶ。機内で人を死なせたら、かえって騒ぎが広がらないか。完全犯罪を目指すなら、監視カメラがある空港を選ぶより、拉致して遺体を隠す方がよかったのではないか。

犯行グループは事件前にも「いたずら」の撮影訓練を繰り返していたが、撮影地は空港ターミナルや鉄道の駅、高級ショッピングモールなど、監視カメラがある場所ばかりだった。

そうした撮影地のほとんどは、マレーシアの首都クアラルンプールにあった。フランスで叔母の看病をしていた正男が、マカオの自宅に帰る際に立ち寄っていたのがクアラルンプールだった。クアラルンプールには気の合う仲間が住んでいたほか、正男に欧州のビザを出していたのはクアラルンプールのフランス大使館だった(第二章)。

正男は欧州やアジアを転々とし、毎月のように居どころを変えていた。身の安全を確保するため、あえて一カ所にとどまらない生活をしていたのかも知れないが、そんな生活の中でも年に一回、旧正月の春節の時期だけはマカオの妻子と過ごす習慣があった。事件があった二〇一七年の春節は一月二八日。その前後に正男がクアラルンプールに立ち寄る公算が大きかった。読みを働かせた工作員グループは、前年の一一月ごろからクアラルンプールで犯行準備に取りかかっていた(第五章)。

北朝鮮は、当局の監視が比較的緩いマレーシアを、工作や外貨稼ぎの拠点にしてきたと言われる。一九七三年の国交樹立以降の良好な関係を背景に、北朝鮮人のビザなし渡航が許されてきた。北朝鮮はマレーシアの北朝鮮大使館に秘密警察の国家保衛省職員を駐在させ、正男を含む北朝鮮人の動向を調べてきた。また、北朝鮮がマレーシアのフロント企業を使って、軍事転用できる機器を輸出したり、ぜいたく品を調達したりしていると国連などが疑惑を指摘してきた。疑惑が持ち上がっても大きな問題に発展しないのは、そうした裏取引にマレーシアの高官や治安機関幹部が一枚かんでいるからだと受け止められてきた。

どこから動向が漏れたのか

正男のマレーシア行きが決まったのは、事件の約二週間前の二〇一七年一月二六日ごろだったとみられる。その日の夜、正男は食事の席で知人に「米国人と会ってきた」「二月六日にマレーシアに行くことになった」と語っていた。正男の動きを察知した工作員や実行犯は、次々とマレーシアに乗り込んだ。

【マレーシアへ到着した日】
一月三一日　工作員チャン
二月一日　工作員ハナモリ
二月二日　実行犯シティ
二月四日　工作員ミスターY、実行犯フォン
二月六日　正男
二月七日　工作員オ・ジョンギル

正男は二月六日にクアラルンプール国際空港に到着した。空港の到着ホールで襲われる可能性もあったが、工作員オ・ジョンギルが二月七日に遅れてクアラルンプール入りしたことから見ても、二月六日の襲撃は当初から予定になかったとみられる。オ・ジョンギルは、正男の到着を待って駆けつけ

た可能性がある。

二月八日の段階でも、工作員たちは正男の日程をつかみきれないでいた。工作員と実行犯のやりとりからは、二月八日に持ち上がったマカオでの撮影話が二月九日に急遽中止になるなど、情報が錯綜していた様子が読み取れる（第四章）。

ただ、遅くとも二月一一日には、正男が一三日朝の便で出国することが分かったようだ。工作員と実行犯が事件現場となる空港の出発ホールを下見していたほか、工作員が実行犯に「次（一三日）は大事な撮影だ」と告げていたのが二月一一日だった（第三章）。

工作員が、どこから正男の情報を得ていたかは定かでない。捜査員の中には、正男が交際していた女性Sやそのボディーガード O の関与を疑う者もいる。事件の少し前にSが一人でシンガポールを訪ねていて、そこで工作員と接触したのではないかというのだが、臆測の域を超えない。Sは元々、北朝鮮国営の高麗航空の客室乗務員だった年下の女性で、恋仲になってからは正男とマカオのマンションで暮らしていた。正男の旅行にいつも付き添っていたが、事件の際は珍しく同行していなかった。

Sの他に関係者が気にしているのは、事件後に突然死したマレーシア人運転手Eだ。二月一三日朝に正男を空港ま

交際女性S（中央）やボディーガードO（左）とともにマカオで食事した正男（2014年12月，関係者提供）

で送り届けた人物で、事件の約八カ月後に家で急に倒れたのだという。

なぜ実行犯を殺さなかったのか

工作員は口止めのために、実行犯を殺していてもおかしくはなかった。ところが、工作員は実行犯を殺すどころか、生かしたまま泳がせて、逮捕されるよう仕向けていた節がある。

例えば、工作員はベビーオイルやタバスコを使った「いたずら撮影」の訓練段階から、撮影後に手を洗えと実行犯に言い聞かせていた。VXを使った事件当日も、現場から離れたトイレで手を洗うようにと、具体的に指示していた。手のひらは皮膚や脂肪が厚いためVXの浸透が遅く、すぐに流水で洗えば中毒症状は出にくいという。

また、二月一三日の事件当日の朝、工作員は実行犯に帰りのタクシーの乗車券を渡していた。乗車券を持たせれば、事件後すぐにタクシーを拾って、逃げさせることができる。現場で警察官に取り押さえられるリスクを減らす狙いがあったとみられる。

工作員は、いったん実行犯を逃がしつつ、数日内に逮捕されるような状況も作り出していた。工作員ミスターYは事件前、実行犯フォンに「空港での撮影は二月一五日まで続ける」「その間は撮影で忙しくて電話に出られない」とうその情報を伝えていた。二月一五日まで連絡は付きにくいが、空港にいるから心配しなくていい、次に会ったときに報酬は払うから、という趣旨だ。この情報を信じたフォンは、未払いの報酬を受け取ろうと二月一五日に空港に戻り、逮捕された。

工作員チャンも、実行犯シティに同じような話をしていた。「撮影は二月一三日から三日間ほど続ける」「一三日の演技がうまければ、また仕事を頼むかもしれない」。この話を信じたシティは、他の場所に移ることなく、なじみのホテルに泊まっていた。次の仕事を待っていたところ、二月一六日にホテルを突き止めた警察に逮捕された。

フォンとシティが捜査を受けている間に、工作員たちは飛行機を乗り継いで逃げていた。監視の厳しい中国を避けながら平壌に戻るには、遠回りだがドバイなどを経由して、二月一七日の高麗航空のウラジオストクー平壌便に乗るしかなかった。事件の二月一三日から平壌便の二月一七日まで、少なくとも五日間は追っ手の目をごまかす必要があった。「平壌に逃げ切るまでの時間稼ぎのために、素性が分かりにくい外国人を実行犯に選び、殺さずに生かしておいたのではないか」とマレーシア捜査幹部は指摘する。

なぜ素人を使ったのか

北朝鮮は世界各地で工作員による暗殺未遂やテロを引き起こしてきた。一九八三年一〇月、ビルマのラングーン(現ミャンマーのヤンゴン)を訪ねた韓国の全斗煥《チョン・ドゥファン》大統領一行を狙った爆破事件(韓国の閣僚ら二一人死亡)では、軍の工作員たちが爆破に関わった。一九八七年一一月の大韓航空機爆破事件(乗員・乗客一一五人死亡)では、金賢姫《キム・ヒョンヒ》元死刑囚ら工作員二人が、経由地で降りる前に機体に爆弾を仕掛けていた。両事件とも、工作員が逃げ切れずに逮捕され、逮捕後の心変わりで事件の全貌を暴露した。国家ぐるみの犯行であったことを世にさらしたのは、口が堅いはずの工作員の自白だった。

一方、正男暗殺事件では、工作員の役回りが変わった。工作員は裏方に回ることで、いち早く出国し、逮捕を免れた。代わりに素人のフォンやシティを実行犯に起用し、犯行後は野放しにして、逮捕されるよう仕向けた。証拠を見る限り、実行犯に自白されて困るような秘密は、初めから知らせていなかったとみられる。

工作員はフォンやシティのほかにも、マレーシアやカンボジアで女性を勧誘したり訓練したりした形跡があったが、最終的にフォンとシティを選んだ。フォンとシティに忠誠心を植えつける教育は必要なかった。既に忠誠心に代わる強い動機を持ち合わせていた。

フォンはいたずら番組出演を女優へのステップアップにする固い意志があった。韓国の芸能界にあこがれを募らせていて、韓国の撮影会社のカメラマンをかたる工作員ミスターYの言葉を信じ切っていた。シティは実家への仕送りノルマを達成して楽に暮らすため、撮影で報酬を得ることを原動力にしていた。マッサージ店員として日本人客を好んで取っていたところに、日本人カメラマンを名乗る工作員ジェームズが言葉巧みに接近した。

そうした素人に「いたずら」をさせるシナリオは、東南アジアをよく知った者でなければ、なかなか思いつかない設定だ。東南アジアでは、通行人の顔に牛乳をかけたり、わなを仕掛けて驚かせたりする「いたずら番組」が人気で、投稿サイトには映像があふれている。「いたずら」を装った型破りな暗殺計画が、現地の事情や言語に通じた外務省と、在外公館に外交官として人を置く国家保衛省との連携で生まれていたことも、うなずける。

なぜ殺されたのか

「正男暗殺は、スタンディング・オーダー（継続命令）だった」。事件の騒ぎが落ち着いたころ、事件の調査に関わった関係国の情報機関員の一人が、匿名を条件に取材に応じた。「スタンディング・オーダー」とは、必ずやり遂げなければならない命令のことだ。情報機関員によると、命令は正男の弟の正恩が二〇一一年に権力を継承した後に出した。命令によって、北朝鮮の対外工作機関二二五局や、朝鮮人民軍偵察総局（ＲＧＢ）、秘密警察の国家保衛省などの間に競争が生まれたという。「少なくとも四つの機関が暗殺のチャンスをうかがっていたが、先に成功したのが国家保衛省だった。今回の暗殺に関わった者に（国家保衛省出身の）外交官が複数含まれていたのは、そのためだ」

正恩が暗殺を命じた理由については、「正恩が権力を継承したのは、金正日の息子だったからだが、血縁を理由とするなら、同じく正男にも権力を継承する資格が残ることになる。正男本人にその気がなくても、中国などが正男を外交カードに使う余地も残る。正男が生きている限り、自らの立場を脅かす存在になり得ると正恩は考えたのだろう」と指摘した。

正男の一周忌の二〇一八年二月一三日、ＮＨＫは「キム・ジョンナム氏暗殺事件　背景に後継問題の密告か」と題するニュースを報じた。それによると、中国とのパイプ役だった北朝鮮の張成沢国防副委員長が、二〇一二年に中国の胡錦濤《フーチンタオ》国家主席と会談した際、正恩を降ろして正男を後継とする腹案を伝えたのだが、その腹案を別の中国高官が正恩に密告したことで張成沢が翌年処刑され、正男暗殺の伏線となったという。つまり、正男の後見人的な役割を果たしてきた張成沢が、中国の影響力を背景に、正恩を権力の座から引きずり落とそうとしていたという内容だ。権力を継承したばかりの正恩の目に、正男の存在が差し迫った脅威に映っていたことを、うかがわせるエピソードと言える。

これと相前後して、二〇一二年に北京を訪問した正男が、北朝鮮工作員に命を狙われる事件があったとも伝えられた。中国警察が襲撃を阻止し、暗殺は未遂に終わったという。正男は北京に立ち寄ることを避け、もっぱらマカオで暮らすようになった。信頼する仲間との酒席では、「弟(正恩)との関係がよくない」とこぼし、北朝鮮の対外政策について意見を述べることもあったという。

知人によると、正男はマカオに移った後も、一人で外出することを控えたり、移動になじみの運転手を使ったりして、身の安全に気を遣っていた。旅行するときは交際女性を連れて歩き、交際女性にボディーガードを付けていた。近年はパリの叔母の看病で欧州にいる時間が長かったこともあり、襲撃を受けにくい環境にあった。

その環境が変わったのは、二〇一六年秋だった。懸案だった叔母の手術が終わり、付き切りの看病がいらなくなった。正男は欧州を離れ、自宅のあるマカオに帰れることになった。

最期に何をしようとしたのか

同じ頃、パリに留学していた息子ハンソルも、マカオに帰ってきた。英メディアによると、ハンソルは一〇代のころボスニア・ヘルツェゴビナのインターナショナル・スクールで学び、パリの高等教育機関に進んで政治学などを学んだ。二〇一六年九月には、英オックスフォード大学の大学院に進む予定だったが、渡航前に中国当局から北朝鮮工作員による暗殺の恐れがあると告げられ、進学をあきらめた。中国当局からは、正男とともにマカオにとどまるようにと警告されたという。

暗殺の危険がハンソルにまで及んだ背景には、ハンソルが正男と同じように、派手な振る舞いと率直な物言いで、耳目を集めてきた経緯がある。ボスニア・ヘルツェゴビナ時代には、髪を黄色く染めてピアスをした写真がインターネット上に出回り、「金総書記の金髪の孫」と呼ばれて話題になった。

メディアのインタビューに応じることもあった。ハンソルは自分の家柄について「とてもくたびれる」とこぼしたり、正恩を指して「独裁者」という言葉を使ったりした。対照的に正男については「普通の市民と同じように暮らし、たくさんの人が飢えていることを考えて自分の立場に感謝しろ」と言っていたと紹介。将来は「平和構築に貢献する仕事がしたい」「いつか国に戻り、人々が楽になるよう働きたい。統一を夢見ている」と展望を語った。北朝鮮指導部を刺激しかねない発言として、驚きをもって報じられた。

ハンソルの進路が絶たれたことを、正男は気に病んでいたようだ。「大学までは行かせたのだから、あとは自分で道を切り開き、生きていけ」。正男は、あえて厳しい言葉でハンソルの背中を押しているのだと、友人に打ち明けていた。

正男はハンソルをマカオに呼び戻す一方で、自らは危険を知りつつもマカオの外に出なければならない用事があった。それが、事件四日前に開かれた、マレーシア北部のランカウイ島での、米情報機関員との密会だった(第二章)。

密会でどんな話が交わされたかは分かっていないが、候補の一つとして考えられるのは、やはりハンソルの将来のことだろう。マカオにとどまっている限り、北朝鮮から中国の外交カードと見なされ、生涯に渡って命を狙われる。その呪縛からハンソルを解き放ち、より自由に暮らせる亡命先をあてがってやりたいと願った正男が、トランプ政権発足(二〇一七年一月)直後の米側に直談判していたとし

ビデオメッセージで「父は殺された」と語った正男の息子
キム・ハンソル(2017年3月7日，ユーチューブから)

ても不思議はない。

　くしくも、その亡命先は、正男の死によってもたらされた。正男の死から約三週間たった二〇一七年三月七日、ハンソルの動画がユーチューブ上で公開された。黒い長袖の服を着たハンソルは、落ち着いた表情でカメラに向かい、「私の名前は、キム・ハンソルです。北朝鮮籍で、キム一族の一人です」と語りかけた。滑らかな英語で「私の父は数日前に殺されました。現在は母親や妹と一緒にいます」と続け、北朝鮮パスポートの身分事項のページを開いてカメラに示した。最後は人なつっこい笑顔をのぞかせながら、「もうすぐ状況が良くなることを願っています」と話し、約四〇秒の動画が終わった。

　取材に応じた事件関係国の情報機関員によると、動画はマカオで撮影されたものだった。撮影後、家族三人は米情報機関の手を借り、マカオからオランダに移動したという。家族三人がオランダにとどまっているのか、さらに移動したのかは明かさなかった。

　動画を公開した団体「千里馬民間防衛」(Cheollima Civil Defense)は、ウェブサイト上に声明を出し、「金正男の家族から緊急の保護を求められ、家族三人を安全のために移動させた」と説明した。家族の保護に米国やオランダ、中国を含む四カ国が協力したと明かし、世界中の脱北者を守るために支援を、と呼びかけた。

団体は韓国系米国人などからなる反体制派の脱北者支援組織とみられ、中心メンバーには元米海兵隊員もいた。二〇一九年三月一日には正恩体制の打倒を目指す臨時政府の樹立を宣言し、「自由朝鮮」（Free Joseon）に名を改めた。メンバーとみられる男たちが、クアラルンプールの北朝鮮大使館に落書きをしたり、マドリードの北朝鮮大使館を襲撃して情報機器を奪い去ったりした。マドリードの襲撃では、事件への関与を認める声明を出し、「情報の一部は米連邦捜査局（ＦＢＩ）に提供した」と主張した。

事件前後の動きを通して見えるのは、正男やハンソルとつながる中国や米国、反体制派の影だ。マレーシアの治安機関員は「正男と米国がマレーシアで接触していたことは、我々だけでなく、正男を尾行していた北朝鮮も気づいていたはずだ」と指摘する。

北朝鮮は暗殺によって、正男だけでなく、正男に連なる脅威も排除した。「第二の正男」となりうるハンソルや、ハンソルを利用しかねない国々、反体制派の動きを牽制した。正男に人前で毒を塗り、監視カメラに一部始終を撮らせ、もがき苦しむ臨終の様子まで見せつけた暗殺劇は、正恩体制に刃向かう者を威嚇する、見せしめの「公開処刑」だったと言える。

あとがき

本書は、朝日新聞デジタルに掲載された連載「金正男暗殺を追う」(二〇一八年八月二九日、第一回公開)をもとに、東南アジアや中国、韓国の特派員や社会部員ら二〇人以上の取材成果を盛り込んで一冊にしたものです。登場する人物の肩書や年齢などは取材時のままとし、敬称は省きました。

私が取材に加わったのは、事件三日後の二〇一七年二月一六日でした。当時はイスラマバード支局長として中東の武装勢力の動きを追っていましたが、急遽マレーシアに飛びました。それから二年半取材に関わり、マレーシアに計一〇九日間滞在するとは、その時は想像していませんでした。

マレーシアに着いて最初に向かったのは、正男氏の遺体が置かれている安置所でした。遺体搬出の場面を押さえるため、国内外のメディアが寝ずの番で安置所に張り付いていました。業界で「張り番」と呼ばれる役目です。同僚たちと交代しながら安置所を二四時間見張り、出入りする警察や大使館の車両ナンバーを記録しました。二月のマレーシアは蒸し暑く、寝不足も相まって体調を崩す記者が相次ぎました。取材に没頭するあまり食事を忘れ、体重が減っていたのも一因でした。安置所脇にはドブがあり、そこから湧き出る蚊の群れにも苦しめられました。

張り番の合間に方々に電話し、警察や病院の記者会見をフォローしましたが、それだけでは真相に迫る報道はできませんでした。謎の解明につながる情報を拾うため、取材班は捜査員と競うように現場で聞き込みを始めました。

真偽不明のうわさの中には、取材のヒントが眠っていました。例えば、「殺されたのは正男氏ではなく、影武者だったらしい」といううわさは、聞くからにデタラメでしたが、逆に「殺されたのは正男氏と言い切れるのか」という問いを取材班にもたらしました。警察も同じ問いを抱えていて、遺体の身元確認に苦しんでいることが分かりました。入れ墨やホクロの位置を調べたり、DNA型のサンプルを探したりする捜査を追っていくうちに、警察の次の動きが読めるようになりました。

取材で浮かんだ疑問は、捜査関係者にぶつけるほかありません。最初は昼休みに声をかけ、次に帰宅を待ち伏せし、深夜のカフェに誘いました。九割方は空振りでした。待ち伏せ中に何度か、地元の事件記者と鉢合わせしました。「その質問なら○○さんに聞くといい」などとアドバイスをもらいました。取材先は捜査員だけでなく、遺体を扱う医療従事者や遺留品を分析する専門家に広がっていきました。言葉を交わすまで二年三カ月かかった取材先もありました。

事情を知るにつれ、警察の発表に強い違和感を覚えるようになりました。表では、実行犯の女性二人が正男氏のことを知っていて、殺そうと思って毒を塗ったと主張していたのですが、どれだけ探っても二人に殺意があったことを示す強い証拠が出てこなかったのです。傷害致死罪や傷害罪ならまだしも、殺意を示しきれないのに、殺意を要件とする殺人罪を適用したのですから、無理筋です。証拠を見る限り、「いたずら番組の撮影だと思っていた」という女性二人の言い分の方が自然でした。いや、そんなわけはない、「いたずら」ではなく「殺人」と知っていたはずだ、と追及する立場の警察自身が、裏では事件のコードネームを「Prank」（いたずら）と名付けたと聞いたとき、私はその先の捜査がもつれ、取材が長期化することを覚悟しました。

予感は現実のものとなっていきました。警察は女性二人の捜査に手間取る間に、北朝鮮の男四人を取り逃がしてしまいました。そして重要証拠である正男氏の遺体も、あっけなく手放しました。北朝鮮大使館に残っていた他の男四人も、十分に調べないまま出国させました。北朝鮮の圧力に抗しきれなかった当時のマレーシア首相が、警察に捜査をやめるよう指示したからでした。

捜査関係者が話し始めたのは、その後です。捜査をゆがめられたことが許せなかったのかもしれません。せめて判明した事実だけでも記録にとどめたいと持ちかけると、いくつかの資料を手渡されました。そこで得た未公開情報を関係者の証言と組み合わせながら、事件当日と直後に何が起こったのかを再現したのが、プロローグと第一章です。

これに対し、警察が解き明かせなかった事件前の正男氏の足取りを探ったのが、第二章です。事件から数カ月経ったころ、正男氏が心を許していた知人らと話す機会を得ました。その知人らの証言やSNSの交信記録を突破口に、殺害までの一年間の暮らしぶりを追いました。

実行犯二人の素顔も調べました。工作とは無縁の女性たちが、なぜ事件に巻き込まれたのか。ベトナムの農村で育ったドアン・ティ・フォンがアイドルになりたいという夢につけ込まれた心理は、ハノイ支局の鈴木暁子支局長との取材をもとに第三章で紹介しました。インドネシアの貧しい家庭に生まれたシティ・アイシャが報酬に釣られて言われるがままに行動した様子は、ジャカルタ支局の古谷祐伸前支局長や野上英文支局長とともに追い、第四章にまとめました。

北朝鮮工作員の素性に迫った第五章に続き、第六章では遺体の扱いをめぐるマレーシアと北朝鮮のつばぜり合い、第七章では死刑を求刑された女性二人が帰国するまでの顛末を、シンガポール支局の守真弓支局長や都留悦史前支局長と追跡しました。最後の第八章では、数々の情報に私見を交え、正男氏の情報がどこから漏れたのか、なぜこの時期に殺されたのかなどの謎解きを試みました。

二年半の取材を通じて随所で感じたのは、不都合な事実を隠し、なかったことにしようとする公権力の作用です。マレーシア当局は当初、真相解明に前向きな姿勢を見せていましたが、それは国内世論を意識した、つかの間のポーズでした。捜査を阻みたい北朝鮮に脅され、旗色が悪くなると裏で取引し、あっさり捜査本部をたたんで、容疑者の出国に目をつぶりました。海外メディアを会見から締め出し、地元メディアに報道を自粛させ、国民の目をそらそうとしました。

一方で、後ろ盾のない女性二人には手厳しく、殺人罪で裁きに掛けました。決め手に欠く立証手続きで裁判は長引き、勾留は二年を超えました。その間、ずっと死刑相当だと断罪してきたのに、あるとき急にきびすを返し、二人の殺人罪を撤回して帰国させました。無理筋の罪で二年も勾留しておいて、最後は理由も告げずに厄介払いしたのですから、勝手なものです。ここでも二人の出身国であるインドネシアやベトナムとの取引があったと言われています。場当たり的で恣意的な政治判断が優先され、真相の究明や法の執行がおざなりにされるのを見て、事件の黒幕はほくそ笑んでいたことでしょう。

似たような事態はマレーシアだけでなく、日本を含む世界各国で見られます。そうした理不尽に抗う思いも、本書には込められています。はかりごとや、うそ偽りに目をこらし、掘り起こした事実を刻々と記録し、社会に問いを発し続けることが、事件報道に携わる者の務めだと信じます。

心残りは、北朝鮮当局への取材がかなわなかったことです。北朝鮮当局者から面談の申し入れはありましたが、身の安全を考慮して接触をあきらめました。いつか時代が巡り、暗殺の経緯を知る告発者が名乗り出ることがあるかもしれません。その時に本書が、事件の経過を振り返り、どうすれば正義が実現できたかを問い直す、一助になればと願います。

本書の刊行にあたっては、元となった大型のデジタル連載を提案してくれた朝日新聞のニュースサイト「withnews」の奥山晶二郎編集長、執筆を後押ししてくれた貝瀬秋彦アジア総局長や国際報道部デスク陣、身を粉にして人脈開拓にあたったシンガポール支局のウン・チュンキアット助手ら現地スタッフにお世話になりました。また、機密上名前は挙げられませんが、真相の追及のために情報を提供してくれた方々に感謝します。そして、犯罪報道の意義を深く理解し、出版へと導いてくださった岩波書店の中本直子さんと大竹裕章さんに、この場を借りてお礼申し上げます。

二〇一九年一二月

朝日新聞アジア総局員　乗京真知

乗京真知

1981年，福井県生まれ．朝日新聞アジア総局員．少年期をブラジルで過ごし，神戸大学法学部で国際関係論を学んだ後，朝日新聞社に入社．仙台総局や名古屋報道センターで主に事件や災害を担当，米コロンビア大学東アジア研究所(専門研究員)，国際報道部を経て，2016年9月からイスラマバード支局長としてパキスタンとアフガニスタンで取材，2019年7月から現職．趣味は釣り．

追跡 金正男暗殺

2020年 1月28日　第1刷発行
2020年11月 5日　第2刷発行

著　者　乗京真知《のりきょうまさとも》　朝日新聞取材班《あさひしんぶんしゅざいはん》

発行者　岡本　厚

発行所　株式会社 岩波書店
〒101-8002 東京都千代田区一ツ橋 2-5-5
電話案内 03-5210-4000
https://www.iwanami.co.jp/

印刷製本・法令印刷

ISBN 978-4-00-061386-6　Printed in Japan